凯里学院“光辉照耀苗乡侗寨：中国共产党民族政策在黔东南的实践（锦屏篇）”专项课题（项目编号：GHZYMXDZ0010）结题成果

黔东南山乡巨变

锦屏县篇

吴才茂　王宗勋　张继渊　编著

民族出版社

图书在版编目（CIP）数据

黔东南山乡巨变. 锦屏县篇 / 李斌主编 ; 吴才茂 , 王宗勋 , 张继渊编著 . -- 北京 : 民族出版社 , 2024. 12. -- ISBN 978-7-105-17490-4

Ⅰ. D619.732

中国国家版本馆 CIP 数据核字第 2025W6G841 号

黔东南山乡巨变 · 锦屏县篇

编　　著：吴才茂　王宗勋　张继渊
策划编辑：张义军
责任编辑：张义军
出版发行：民族出版社
网　　址：http://www.mzpub.com
地　　址：北京市和平里北街 14 号
邮　　编：100013
印　　刷：北京盛通印刷股份有限公司
版　　次：2025 年 4 月第 1 版
印　　次：2025 年 4 月第 1 次印刷
开　　本：787 毫米 ×1092 毫米　1/16
印　　张：8
字　　数：152 千字
书　　号：ISBN 978-7-105-17490-4 / D · 3532（汉 571）
定　　价：54.00 元

（投稿热线：010-58130111　1092781806@qq.com；发行部：010-64211734）

锦屏县城全景（彭泽良 / 摄）

夜幕甫降的锦屏县城（杨秀钦 / 摄）

锦屏经济开发区一角（锦屏经济开发区党政办 / 供图）

2019 年建成的隆里所村归凤组“组组通”公路。（蔡雪 / 摄）

古城舞龙迎佳宾（杨胜屏／摄）

锦屏文书特藏馆（彭泽良／摄）

2004 年清水江锦屏县三板溪段机船下滩（姜绍明／摄）

茅坪古镇新貌（彭泽良 / 摄）

潘寨大公田移民新区（杨胜屏 / 摄）

2021 年实施棚户区改造建成的赤溪家园（县住房和城乡建设局 / 供图）

亚狮龙羽毛球产业园全景（杨晓海 / 摄）

全国最大的乡村集体林场锦屏县春雷林场一隅（杨胜屏 / 摄）

2020 年村民在锦屏县铜鼓镇食用菌基地采摘香菇（杨晓海 / 摄）

三江镇聚龙社区河滨步道
（刘光英 / 摄）

2022 年马背水库竣工并通过蓄水验收（杨震 / 摄）

升级改造后的秀洞坡公路
（杨晓海 / 摄）

《黔东南山乡巨变》丛书编委会

总　序

中国是一个统一的多民族国家，在漫长的历史长河中，各民族密切交往、相互依存、交流融合、休戚与共，形成了中华民族多元一体格局，“辽阔的疆域是各民族共同开拓的”“悠久的历史是各民族共同书写的”“灿烂的文化是各民族共同创造的”“伟大的精神是各民族共同培育的”“一部中国史，就是一部各民族交融汇聚成多元一体中华民族的历史，就是各民族共同缔造、发展、巩固统一的伟大祖国的历史”。[①]各民族共同推动了国家的繁荣发展和社会进步。

中国共产党历来十分重视民族和民族地区工作，在不同的历史时期，把马克思列宁主义的民族理论与中国的实际相结合，制定了一系列符合中国实际的民族工作路线、方针、政策，对发展各民族经济，繁荣各民族文化，起了十分重要的作用，是我们战胜各种困难和风险，推动建设有中国特色社会主义事业不断前进的重要保证。

党的十八大以来，以习近平同志为核心的党中央紧紧围绕坚持和发展中国特色社会主义，着眼于民族团结和繁荣发展两大主题，始终坚持人民利益至上的原则，高举民族团结伟大旗帜，把人民的根本利益作为党和国家一切工作的根本出发点和归宿。坚持和完善民族区域自治制度，做到统一和自治相结合、民族因素和区域因素相结合；坚持促进各民族交往交流交融，不断铸牢中华民族共同体意识；坚持加快少数民族和民族地区发展，不断满足各族群众对美好生活的向往。

黔东南苗族侗族自治州成立于 1956 年 7 月 23 日，现下辖凯里市和麻江、丹寨、黄平、施秉、镇远、岑巩、三穗、天柱、锦屏、黎平、从江、榕江、雷山、台江、剑河 15 个县，是一个苗、侗、汉等多民族聚居区，2020 年末常住人口

① 习近平：《在全国民族团结进步表彰大会上的讲话》，见国家民族事务委员会编：《铸牢中华民族共同体意识——全国民族团结进步表彰大会精神辅导读本》，4–6 页，北京，民族出版社，2021。

376.03万人，户籍人口488.65万人，少数民族人口占总户籍人口的81.7%，其中苗族人口占43.4%，侗族人口占30.5%。[①] 人口在万人以上的有水族、布依族、土家族、畲族、壮族、仡佬族、瑶族等世居少数民族。中华人民共和国成立70多年以来，黔东南苗族侗族自治州各族人民在中国共产党领导下，认真贯彻执行党的各项民族政策，各民族交往交流交融日益加深，像石榴籽一样紧紧抱在一起，和衷共济，和睦相处，和谐发展。2019年12月，黔东南州成功创建“全国民族团结进步示范州”，经济、教育、文化、交通等各项事业取得了长足的进步和令人瞩目的成就，经济实力大幅跃升，生活水平极大改善，民族文化繁荣发展，黔东南州实现了历史性跨越。据《黔东南统计年鉴（2018）》统计数据，1949年，黔东南州地区生产总值仅有6288万元；1955年突破亿元，达到10436万元；1978年达到56026万元；1984年突破10亿元，达到10.49亿元；2003年突破100亿元，达到1130771万元；2012年达到4957500万元；2018年突破千亿元，达到1036.62亿元。城镇居民、农村居民可支配收入从1950年的115元、33元，到1978年分别增加到220元、106元，到2008年分别增加到11616元、2452元，到2018年分别增加到30130元、9227元。地方财政收入1952年时仅有1275万元，到1978年达到4284万元，2000年达到48192万元，2008年达到137382万元，2018年达到663781万元。[②]2020年，黔东南苗族侗族自治州各族人民在中国共产党的坚强领导下，打赢脱贫攻坚战，彻底撕掉千百年来的绝对贫困标签，与全国人民一道迈入全面小康。

凯里学院源于1958年创办的黔东南大学，校名几经更迭变迁，2006年2月经教育部批准升格为普通本科院校。作为黔东南州的最高学府，凯里学院始终坚持“三性一型”（地方性、民族性、师范性，应用型）的办学定位，充分发挥高校“社会服务”“文化传承创新”等基本职能，理应在黔东南地方经济社会发展和文化建设中贡献智慧和力量，有责任、有义务把中国共产党领导全州各族人民取得的历史性成就呈现出来。作为地方本科高校，凯里学院不仅在人才培养、科学研究上与地方接轨，而且在社会服务、文化传承创新上也与地方积极配合，发

① 黔东南州统计局、国家统计局黔东南调查队：《黔东南统计年鉴（2020）》（内部资料），7页。

② 黔东南州统计局、国家统计局黔东南调查队：《黔东南统计年鉴（2018）》（内部资料），403–405页、414–416页、402页。

挥人才高地的作用。黔东南苗族侗族自治州民族文化浓郁，是国家级民族文化生态保护区，享有“生态之州”“歌舞之州”“人文之州”“百节之乡”“民间手工艺之乡”“苗族侗族文化遗产保存核心地”“迷人的民族文化生态博物馆”等诸多美誉。基于此，学校在专业、学科设置上，主动融入地方经济社会。2013年人类学（二级学科）被遴选为贵州省重点支持学科，2017年民族学（一级学科）被批准为贵州省重点学科，2018年民族学（一级学科）被遴选为贵州省区域内一流建设培育学科。根据贵州省级重点学科和贵州省区域内一流学科建设需要，结合黔东南州实际，学校决定出版《黔东南山乡巨变》丛书。丛书之所以用“山乡”命名，是因为它符合黔东南州地形地貌特点，全州地处云贵高原向湘桂丘陵盆地过渡地带，州境总体地势北、西、南三面高而东部低，中部雷公山区和南部月亮山为中山地带，西部和西北部为丘陵状低中山区，东部和东南部为低中山、低山、丘陵、盆地，境内大部分地区海拔500—1000米，是典型的山乡。丛书作者由凯里学院、黔东南州委党史研究室、黔东南州民族研究所等单位的专家学者组成。丛书共计17部，对全州及16个县市逐一进行介绍。丛书内容除历史底蕴和文化渊源部分外，其余部分的数据资料选取时间起于中华人民共和国成立，止于2018—2020年。丛书全面展示中华人民共和国成立后70多年黔东南州各族人民在中国共产党领导下，政治、经济、文化、教育、交通以及在脱贫攻坚等各个领域所取得的历史性成就，发生的历史性变革。丛书的出版，不仅总结了在中国共产党领导下黔东南州各民族取得的伟大成就，而且有利于增强文化认同、坚定文化自信，为铸牢中华民族共同体意识提供黔东南经验。

当然，我们也意识到，丛书主要是记录黔东南州经济社会发展的各个方面，内容的广度和深度以及理论上的研究还有待提高，学术性有待进一步加强，加之编著者的水平有差异，不足和疏漏在所难免。敬请各位读者海涵指正。

李 斌

2021年3月

前　言

习近平指出："历史是最好的教科书。学习党史、国史，是坚持和发展中国特色社会主义、把党和国家各项事业继续推向前进的必修课。"[①] 回望中国共产党成立以来的历史，每一个时期都有自己的历史高度。锦屏人民在中国共产党的领导下，在党的民族政策的关怀下，经过新中国成立70多年来的艰苦奋斗，过上了幸福生活。锦屏人民70多年的历史，是在中国共产党领导下实现民族解放、探索和实现幸福生活的历史。

千百年来，在锦屏这块土地上，勤劳勇敢的各族人民为改变落后面貌，前仆后继，不懈努力，谱写了一页页光辉的历史。1949年新中国成立以后，锦屏人民在中国共产党的领导下，从旧制度下解放出来，参与社会经济建设，取得了土地革命、社会主义改造等前所未有的伟大胜利。特别是1978年中国共产党十一届三中全会召开以后，人们解放思想，甩开羁绊，心德同一，锐意改革，阔步前进，创造了前所未有的辉煌业绩。举凡家庭联产承包责任制、农村税费改革、脱贫攻坚、社会主义新农村建设、社会主义保障体系的建立，等等，无不是前所未有的重大变革，老百姓在这种不断改革的历史潮流中，分享成果，获得利益，生活越过越好。2012年11月中国共产党第十八次全国代表大会召开以后，以习近平同志为核心的党中央团结带领全党全国各族人民，推进中国社会主义进入新时代。在新时代里，锦屏人民在党的领导下，各行各业都取得了辉煌成就，特别是经过脱贫攻坚，彻底丢掉了贫困的帽子，全面建成小康社会。

当下，正逢盛世，国家德政广施，各种惠民政策迭出。锦屏县委、县政府正紧密团结在以习近平同志为核心的党中央周围，高举习近平新时代中国特色社

① 习近平:《在对历史的深入思考中更好走向未来 交出发展中国特色社会主义合格答卷》，载《人民日报》，2013-06-27。

会主义思想伟大旗帜，率领全县各族人民乘势而上，不断巩固小康生活和全面振兴乡村社会，为改变落后旧貌、创造美好生活而积极拼搏。只要认真总结和借鉴前人成功经验，以史为鉴，立足锦屏实际，进一步解放思想、锐意改革，我们深信，在不远的将来，一个生态良好、经济富裕、乡风文明、人民富足的锦屏一定会展现在世人面前！

本书旨在梳理中华人民共和国成立以来中国共产党带领锦屏人民过上幸福生活的历史过程。本书主要依据《中国共产党锦屏县历史》《锦屏县志》《锦屏县民族志》以及 2014 年以来的《锦屏年鉴》等文献，把全书分为 4 章，试图呈现这一辉煌的历史过程。第一章主要论述锦屏的生境、历史与民族，重点对锦屏县的生态环境与自然资源、历史沿革与行政区划、人群移动与民族分布等方面作了全面介绍，让人们认识锦屏这个地域社会的环境、历史与人群。第二章、第三章、第四章分别以探索时期、改革开放时期、跨越发展时期这三个阶段，对中国共产党带领锦屏人民过上幸福生活的整体历程进行了呈现。在具体内容选取上，以与老百姓生活密切相关的主线来呈现，具体而言，第一个时期以百姓分得土地为核心，具体论述了社会主义改造以及挫折与探索。第二个时期以改革开放和家庭联产承包责任制为核心，兼及税费改革、脱贫攻坚、新农村建设、社会保障体系等内容，旨在展示党和国家政策在锦屏推行的实效及人民生活的提高。第三个时期，围绕着新时代奋斗目标和全面建成小康社会展开，论述了党的十八大以来锦屏县在经济社会发展上取得的巨大成就。

目 录

第一章　锦屏的生境、历史与民族

锦屏县位于贵州省东南部，东接湖南省靖州苗族侗族自治县，南邻黎平县，西毗剑河县，北抵天柱县。土地总面积 1591 平方公里。距黔东南苗族侗族自治州首府凯里 239 公里，距贵州省省会贵阳 434 公里，距黎平飞机场 65 公里，距湖南省靖州火车站 79 公里，距离从江洛香高铁站 106 公里、三穗高铁站 98 公里，松（桃）从（江）高速公路经县城，过境公路有 G242 国道和 S311、S312、S405 省道，县城设在三江镇。至 2019 年底，辖有三江、茅坪、大同、铜鼓、敦寨、新化、隆里、钟灵、平略、偶里、启蒙、固本、河口、平秋、彦洞 15 个乡镇和 1 个省级经济开发区，187 个村民委员会，8 个社区居民委员会，1 个街道居民委员会，总户数 65497 户，总人口 237607 人，其中少数民族人口 212500 人，占总人口比重为 89.43%。[①]

第一节　生态环境与自然资源

锦屏地处云贵高原向湘西丘陵过渡的地带，地貌破碎，地势西北高东南低。西部及西南部为中低山区，中部及东北部为低山峡谷区，东南部为低山丘陵盆坝区。境内山脉属苗岭余脉，海拔在 1200 米以上山峰有 6 座，其中固本乡境内的龙干山海拔 1347 米，是县内的最高点；茅坪镇阳溪村清水江出境处海拔 282 米，为县内最低点。县境属亚热带季风湿润气候区，四季分明。多年平均气温 16.4℃，最冷 1 月均温 5.2℃，最热 7 月均温 26.6℃，无霜期 314 天，年均日照

① 《锦屏年鉴》编纂委员会编：《锦屏年鉴（2020）》，89 页，贵州人民出版社，2020。

1086.1 小时，年降水量 1200—1400 毫米。境内河流众多，清水江在境内容纳乌下江、洋洞河（八洋河）、小江、亮江等大小支流 147 条，全县溪河总长 1012 公里。因受地形、地貌条件影响，诸溪河落差大，水流湍急，故县内水能资源丰富，全县水能理论蕴藏量 270.48 万千瓦。锦屏有黄金、青石、石灰石、陶瓷高岭土等矿产资源。县内黄金资源丰富，已探明的平秋、八客、铜鼓 3 大矿区堪称国内大型金矿区，200 多年来，采掘不断。锦屏石材质地优良，然目前尚在卖原材料，缺少精深加工，效益不明显。石灰石、陶瓷高岭土分布亦广。县内林产丰富，尤其盛产杉木，是中国南方重点人工林区。①

一、地形

锦屏县地处云贵高原东部边缘向湘西丘陵过渡地带，由于受复杂地质构造的影响，地形复杂多样。整个地势由西北向东南逐渐降低。清水江从县西部入境，至平略折向东北，于县城接纳西北而来的小江，再下 2 公里纳东南而来的亮江，东北出天柱县。三江两翼山系递变升降，形成 3 条明显隆起的地带：由西北而东南依次为干塘坳—岑顿坡—尖山隆起，清水江河谷下陷；青山界—大坪山—金凤岭—云照坡隆起，新化、敦寨等亮江河谷下陷；高美化—蚂蝗山—天龙山隆起，构成县境的地形概貌。根据海拔的不同，全县可分为 3 个地形区：

低中山区。海拔在 600—1000 米之间，主要分布在县境及西北部的平秋、彦洞、固本河口 4 个乡镇。属低中山切割地带，沟谷窄深。因山势较高，构成县境西部的天然屏障。固本、河口两乡交界的青山界以及平秋、晓岸、黄门、彦洞、九勺、高坝等地还呈明显夷平剥蚀化，具有残留高原地貌特征。

低山峡谷区。该区海拔在 300—800 米之间。大体包括三江、茅坪、大同、平略、偶里、启蒙等乡镇，铜鼓的小塘、高柳及敦寨镇的九南、云亮、色界等村寨，多为板溪群的变质板岩为主的夹砂页岩。区内地貌破碎，沟壑纵横。

低山丘陵盆坝区。海拔在 370—450 米之间，主要包括隆里、新化两乡镇和敦寨、铜鼓、钟灵 3 乡镇的河谷坝区。该区多为石灰岩溶地形，地势起伏不大，开阔平坦，河谷与平坝互相交错。②

① 参见锦屏县地方志编纂委员会编：《锦屏县志（1991—2009）》，2 页，北京，方志出版社，2011。

② 参见锦屏县地方志编纂委员会编：《锦屏县志（1991—2009）》，49—50 页，北京，方志出版社，2011。

二、气候

据1957—2009年气象观测资料统计，县城年平均气温为16.6℃，极端最低气温-8.4℃，极端最高气温39℃。县内西南部、西北部山区年平均气温在14—15℃之间，其余大部分地区在16℃以上。一年中以1月气温最低，平均气温5.4℃；7月气温最高，平均气温26.7℃，年平均无霜期313天，无霜期最长年360天，最短年247天。

锦屏气候湿润，降水丰富。年均降水量13097毫米，由于受地形和季风气候的影响，在时空分布上呈现不平衡性。由于地形地貌和植被条件不同，降水在各地存在一定差异。西南部与西北部年平均降水在1350毫米以上，南部新化、东部茅坪等地降水量在1300毫米以下，其余地区年平均降水量在1300毫米左右。又如一年中降水量多在4—8月，降水量达8396毫米，占全年总降水量的64.1%，9月至次年3月降水量4701毫米，占年总降水量的35.9%。

三、水资源与土地资源

锦屏县境内雨量充沛，平均年降水总量为2031亿立方米，年径流总量为996亿立方米。按全县国土总面积161924平方公里（县国土资源局2009年调查数据）计算，每平方公里年径流量为61.51万立方米；按2009年末全县人口2230万人计算，人均占有水量为4468立方米；按2009年全县耕地总面积12.63万亩计算，亩均占有水量为78.85立方米，均高于全国人均2160立方米和亩均1880立方米的水量指标。县内地表水资源主要来源于降水，除部分植物吸收、下渗及蒸发外，其余汇集成河川径流。县境内河流均属雨源型河流，河槽狭窄，河床切割深，坡度大，水流湍急，每逢大雨，水位暴涨暴落，河槽调蓄水能力差，容易造成水灾。由于县境河流均属雨源型河流，山高谷深，水利工程中蓄水工程少，田土耕地大多在河流坡岸上，田高水低，水土搭配不合理，水资源开发利用程度低。

境内地下水丰富，主要由两大类含水层组成，即埋深基本在5米以上的浅层含水层和埋深基本在30米以下的深层承压含水层。由于县境以山地为主，山区面积占全县总面积的70%，深层地下水资源不易开发且开发成本较高。县内多年平均浅层地下水资源总量为296亿立方米，占全县地表水资源量的29.7%。县境内主要河流除八洋河及其支流外，清水江、小江、亮江、乌下江均有客水入境。全县多年平均入境客水总量为8661亿立方米。其中，清水江干流入境水量为6220亿立方米，小江入境水量为194亿立方米，亮江河入境水量为7.37亿立方米，乌下江入境水量为10亿立方米；全县多年平均出境水量为957亿立方米。

1974年，贵州省框定锦屏县土地总面积为15964平方公里，折合23946万亩。1983年，贵州省人民政府公布锦屏县土地总面积调整为15910平方公里，折合23865万亩，占全州土地总面积52.5%。因铜鼓、敦寨、新化、启蒙、固本、河口、彦洞、平秋、三江、茅坪等乡镇有相当部分土地伸入邻省、邻县境内（尤其以新化乡映寨村为明显），故全县的实际土地面积比省政府框定的土地面积为多。1995年，土地资源详查时测出，县境南北最宽396公里，东西最长55公里，总面积160085平方公里，占全州总面积的53%。2009年，县国土资源局第二次土地调查测出，锦屏县国土总面积16191.4平方公里。其中，耕地面积25.34万亩，林业面积183.92万亩，占全县土地总面积的75.73%。[①]

第二节　历史沿革与行政区划

据1972年敦寨水泥厂出土的磨制石斧和近年阳溪、亮江、潘寨等地出土的文物可知，早在史前的石器时代锦屏地区即有人类生息。在唐代以前，县境内未设有行政建置。唐天宝时于亮司地置羁縻亮州，属黔州都督府，为最早的建置。北宋徽宗崇宁二年（1103）于铜鼓地置铜鼓寨，属靖州，后为“飞山蛮”所据。北宋大观元年（1107），于湖耳地置隆州，遥属绍庆府。元代以降，由羁縻统治的长官司逐渐向府县体系转变。

① 参见锦屏县地方志编纂委员会编：《锦屏县志（1991—2009）》，60—67页，北京，方志出版社，2011。

一、元明清时期

（一）长官司

元至元二十年（1283），朝廷始在锦屏县地推行土司制度，置八万亮寨军民长官司，隶湖广行省思州安抚司。至治二年（1322），废八万亮寨军民长官司，在县地置亮寨、湖耳、新化、欧阳、龙里5个长官司。亮寨长官司治于今敦寨镇亮司村，湖耳长官司治于今铜鼓镇嫩寨村，新化长官司治于今新化乡新化司村，欧阳长官司治于今新化乡欧阳村，龙里长官司治于今隆里所村龙吴寨。

明洪武三年（1370），沿袭元置湖耳、亮寨、新化、欧阳4蛮夷长官司。四年（1371），复置龙里蛮夷长官司。五年（1372），新置中林验洞蛮夷长官司，治地初置今彦洞乡彦洞村，后移至今钟灵乡钟灵村。诸蛮夷长官司初隶湖广辰州卫，后改属靖州卫。十八年（1385），黎平吴勉起义，诸蛮夷长官司因参加起义而尽废。永乐元年（1403）复置，龙里长官司治地迁至今隆里乡龙里司村，其他长官司治地同前。同时新置湖耳、欧阳二副蛮夷长官司，与正长官司同治所辖之地。诸长官司均属思州宣慰司。永乐十一年（1413）至宣德九年（1434）改隶新化府，新化府废后改隶黎平府。清康熙二十三年（1684），湖耳、欧阳副长官司与其正长官司分地而治。湖耳副长官司治今铜鼓镇新寨村高寨，欧阳副长官司治今黎平县高屯镇中黄村。雍正后，朝廷在贵州实行“改土归流”，锦屏县诸长官司遂相继被削弱实权而成为黎平府属的地方基层单位。清道光以后，诸长官司名存实亡，中华民国成立以后废除。①

（二）府县

1. 新化府的设置与废弃

明永乐十一年（1413），废思州宣慰司，以其地置思州、石阡、新化、黎平4个府。新化府治于今新化乡新化所村，属贵州布政司，与黎平府同以五开卫为捍御。下辖湖耳、亮寨、新化、欧阳、龙里、中林验洞、赤溪湳洞（治于今剑河县南明镇）7蛮夷长官司和新化、隆里、平茶3守御千户所。辖地为今铜鼓镇铜鼓、乐安、岔路、敦寨镇山洞等村以外的锦屏县全境和剑河县南明、磻溪两乡镇及湖南省靖州县平茶乡。宣德三年（1428）二月十九日，朝廷准奏以铜鼓卫军备

① 参见锦屏县地方志编纂委员会编：《锦屏县志（1991—2009）》，39—40页，北京，方志出版社，2011。

材营建新化府厅署。九年（1434），因地狭人少，无设府必要而将新化府裁汰，其所属诸蛮夷长官司归黎平府。

2. 开泰县的设置与变动

入清以后，明代所建立的卫所制度废弛。卫所所驻屯兵已全然本地化，无军事能力，加上黎平府行政上隶属贵州已久，而在黎平府境内的五开、铜鼓两卫及所属所屯仍隶属湖广省，行政管理甚为不便。清雍正五年（1727），云贵总督鄂尔泰、贵州巡抚张广泗等在贵州“改土归流”和武力开发黔东南。为便于行动，是将五开、铜鼓两卫裁撤，以五开卫建开泰县，以铜鼓卫建锦屏县，并由湖广改隶属贵州省黎平府。开泰县与黎平府同城而治，所辖区域为原五开卫所属的内外16所：前所、后所、左所、右所、中所、中中所、中左所、中右所、铜鼓所、平茶所、平屯所、新屯所、新化所、隆里所、中潮所、黎平所。

道光十二年（1832），兼辖锦屏乡。同时，土司实权进一步被削弱，成为基层政权组织，今锦屏县的敦寨、新化、隆里、钟灵、偶里、平略、启蒙、固本、河口9乡镇和铜鼓镇的铜坡、江口、高柳、嫩寨及三江镇的排洞、潘寨、卦治等原属湖司、亮寨、新化、龙里、中林验洞、欧阳6个长官司管辖的村寨俱归属开泰县管辖。民国二年（1913）开泰县移治铜鼓，三年（1914）改为锦屏县。

3. 锦屏县与锦屏乡

清雍正五年（1727）废铜鼓卫，以其辖地建锦屏县，治于今铜鼓镇铜鼓村，隶黎平府。下辖原铜鼓卫所属的乐安屯、岔路屯、空洞屯、寨王屯、山洞屯、金竹屯、溪头屯、大永屯、罗槐堡、纠坡堡、枫香堡，然亦受理邻近湖耳司和“三江”等地讼词。道光十二年（1832），因地狭人少故，县裁，以其地改置锦屏乡，隶开泰县，以开泰县丞分驻。

4. 黎平府东北路

清康熙至雍正时期，锦屏王寨（即锦屏县城）、小江、鄙胆（今平秋镇魁胆）、平秋、石引、黄门、瑶白、高坝、皮所9寨和茅坪、归弓、得脑、平鳌、张化等寨先后归附黎平府，被划府属经历司管辖，清后期称府属东北路，亦称“北路乡”。①

① 参见锦屏县地方志编纂委员会编：《锦屏县志（1991—2009）》，40—41页，北京，方志出版社，2011。

二、民国时期

民国二年（1913）废黎平府，移开泰县至锦屏乡治地铜鼓，升锦屏乡为锦屏分县，仍隶开秦县。民国三年（1914）1月，废开泰县及锦屏分县，复锦屏县，隶贵州省黔东道。以原锦屏乡和湖耳、亮寨、欧阳、新化、龙里（大部分）、中林验洞正副长官司地，平茶千户所地及黎平府直属东北路。3月，将县城由铜鼓迁至王寨。是年，锦屏与黎平会勘两县边界，以亮司、龙池、地灵、阳艾、西洋店、果垢、高表、美罗、江口等处为界，北属锦屏县，南属黎平县。民国四年（1915）秋，锦屏与天柱县会勘两县黄哨山段县界。按黄哨山脊水倒茅流为界，南属锦屏县，北属天柱县，并立石制界碑于山顶。锦屏县恢复后，将清末的团练和总甲改为团防局，充基层行政组织。时全县有5个区团防总局，18个团防分局。第一区团防总局驻县城王寨，辖王寨、茅坪、九寨、卦治、平略、偶里6个团防分局；第二区团防总局驻铜鼓，辖大同、秀洞、高寨、铜鼓4个团防分局；第三区团防总局驻敦寨，辖敦寨、中林2个团防分局；第四区团防总局驻平茶，辖平茶、善理2个团防分局；第五区团防总局驻瑶光，辖瑶光、边沙、固本、文斗4个团防分局。团防分局下设保，保下设甲，甲下设牌，保、甲、牌数已无据可考。

民国十二年（1923）黔东道废，锦屏县直隶贵州省。民国十九年（1930），以区团防总局区域设自治区，全县共有5区。第一区辖王寨、茅坪、卦治、平略、偶里5镇和环城、皎村、寨早、彰化、平秋、石引、黄门、瑶白、高坝、娄江、高盎、扒洞、小江、六寨14乡；第二区辖铜鼓镇和高寨、花桥、大同、稳江、铜坡、高柳、乌坡7乡；第三区辖敦寨、亮司2镇和龙池、洞滴、钟灵、羊艾、者寨、培寨、笋屯、映寨、九南等9乡；第四区辖平茶镇和官团、四湘、善里、银寨、冷水塘、地匡、板团、沙堆、侯官9乡；第五区辖瑶光镇和固本、培亮、玉荷、宰格、边沙、文斗、巨寨、腊洞、加池9乡。乡镇下改保、甲为闾、邻。

民国二十四年（1935）春，奉贵州省政府令，县下推行保甲联防，并乡镇建联保，联保下设保甲。全县共有17个联保93个保967个甲。第一区辖王寨、卦治、茅坪、九寨（驻平秋）、平略、偶里6个联保；第二区辖大同、秀洞、铜鼓3个联保；第三区辖敦寨、亮司、钟灵3个联保；第四区辖平茶、善里2个联保；

第五区辖瑶光、边沙、固本3个联保。

民国二十四年（1935），贵州省划分11个行政督察区，锦屏属第十行政督察区（驻黎平）。民国二十六年（1937），锦屏被调属贵州省第一行政督察区（驻镇远）。同年调整县内行政区划：撤销第二区，改原第三区为第二区，原第五区为第三区。原第二区所属铜鼓、花桥、江口、嫩寨、纠坡、当团6保划归新二区；大同、秀洞、密洞、稳江、龙霭、铜坡、高柳7保划归新一区；原第一区属寨早、高盎、高贞、彰化、亚杆、归遂、扒洞、新寨、南包划归第三区。

民国二十九年（1940）4月，县下裁区公所，扩大联保规模，原17个联保合并成12个。民国三年（1914）裁撤黎平府设锦屏、黎平县时，锦屏县的地域过小，只有黎平县的三分之一，过于悬殊，且无产粮之区，锦屏县政府及民间人士一直存有异议，多次向省反映并请求调整。民国二十九年（1940），贵州省整理各县行政区域实施委员会下到锦屏调查核实，锦屏县政府遂请求将黎平县北部的新化、中黄、隆里、地茶等地拨补锦屏，同时将“飞”离锦屏而靠近黎平的平茶等地与黎平鳌鱼嘴（即鳌市）等地互换管辖。民国三十年（1941）上半年，贵州省政府调整部分县的行政区划。是年6月，贵州省政府批准将黎平县北部的新化、隆里、地茶等地划归锦屏县，而平茶等地仍属锦屏。同年，县以下改联保、建乡镇。是年底，锦屏县计有三江镇和九寨、大同、铜鼓、敦寨、新化、隆里、中林、平略、偶里、启蒙、固本、瑶光、平茶13个乡，直至1949年未有变化。①

三、中华人民共和国成立后

1950年1月15日，中国人民解放军镇远军分区司令员曾宪辉率部和平进驻锦屏并接管县政权。1月26日，锦屏县人民政府成立，隶属镇远专管区。县下设3区13乡1镇：第一区驻县城，辖三江镇、九寨乡、平略乡、偶里乡、大同乡；第二区驻启蒙，辖启蒙乡、固本乡、瑶光乡、隆里乡、钟灵乡；第三区驻敦寨，辖敦寨乡、铜鼓乡、新化乡、平茶乡。乡镇下仍沿留保甲。各乡镇区域仍依原民国三十一年（1942）所划。因交通不便和县势未定，瑶光乡暂由剑河县代管。同年3月13日，原国民党锦屏县残余武装发动叛乱，锦屏县人民政府撤出

① 参见锦屏县地方志编纂委员会编：《锦屏县志（1991—2009）》，41—43页，北京，方志出版社，2011。

锦屏。

1950年12月，中国人民解放军部队第二次进驻锦屏。1951年1月1日，锦屏县人民政府恢复，隶镇远专管区。县下仍设3区13乡1镇，同时从剑河县接回瑶光乡。2月，废除保甲制，建立行政村，行政村下设行政组。1952年10月，因突出锦屏县境、行政管理不便等因，将铜鼓乡属纠坡、细弯、罗槐、土地坪、枫香、金山寨、上四湾及大同乡属元贞等村寨划归湖南省靖县。

1956年5月，将县内46个乡镇合并为33个。同年5月，划黎平县八龙乡属美貌、习门、高雪3个自然村入锦屏县兴隆乡。9月，锦屏、剑河两县代表协商，将剑河县平岑乡属九勺、平然2个自然村划归锦屏县黄门乡，新寨村划归锦屏县高坝乡。

1957年2月，县下撤销区、乡镇建制，实行划片管理，全县划为17个片，片下行政村与农（林）业生产合作社并存。1958年1月，撤片恢复原区、乡镇建制。将原属启蒙区的隆里、中林、娄江3乡划归敦寨区。同年10月，县下实行人民公社化。乡镇改为政社合一的人民公社，行政村改为生产大队，村民小组改为生产小组。同年12月29日，根据国务院办公厅（厅议字92号）通知，撤销天柱县，其地并入锦屏县，治王寨。同时，扩大人民公社规模，改区为人民公社，人民公社为管理区，生产大队为工区，生产小队为工组。时全县有10个人民公社，100个管理区。

1961年8月18日，根据国务院秘书厅（厅秘字第55号）通知，天柱县析出。天柱县析出时，将其原属坌处公社的阳豆溪、宰大溪2个生产大队拨留锦屏县茅坪公社。同时，县下改人民公社为区，管理区为人民公社，工区为生产大队，工组为生产小队。

1962年，将寨早、彰化2公社并入平略公社，皎云公社并入偶里公社。1966年将黄门公社并入彦洞公社，高坝公社并入平秋公社。1967年将稳江公社并入大同公社。至此，全县有30个公社。1968年11月，再撤销区建制，扩大人民公社规模，原30个公社调整合并为14个：三江、茅坪、大同、平秋、彦洞、平略、偶里、忠东（启蒙）、东风（固本）、卫东（河口）、敦寨、铜鼓、新化、钟灵。1970年4月恢复区和30个公社建制。是年秋，彰化、寨早、皎云、红（黄）门、高坝、稳江公社分别从平略、偶里、彦洞、平秋、大同公社析出，全县复有 36 个公社。

1981 年 11 月，平略、偶里、皎云、寨早、彰化 5 个公社从九寨区析出，新建平略区，治于平略；原九寨区移治平秋，辖平秋、高岑、高坝、黄门、彦洞 5 个公社。是年，更名高岑公社为魁胆公社，红门公社为黄门公社，兴隆公社为地茶公社，和平公社为巨寨公社。1984 年 2 月，改人民公社为乡、生产大队为行政村、生产小队为村民小组。8 月，改茅坪、敦寨、启蒙、平秋 4 乡为乡（股）级镇，改原三江镇为区（科）级镇。1990 年年底，全县有 5 个区、1 个区级镇；31 个乡、4 个乡级镇；5 个居民委员会，207 个行政村；14 个居民小组，1477 村民。

根据贵州省政府要求，1992 年初，县下撤区并乡建镇，三江、敦寨、平略、启蒙、九寨 5 个区撤销，36 个乡镇合并成三江、敦寨、启蒙、平秋 4 个镇和大同、铜鼓、钟灵、平略、偶里、固本、河口、彦洞 8 个乡。

因距新建的乡镇驻地较远，原新化、隆里、茅坪 3 乡镇民众极力要求恢复乡镇。1992 年 12 月 18 日，贵州省人民政府以黔府通〔1992〕291 号批复，原新化乡属新化所、新化司、新化寨、欧阳、映寨、密寨 6 个行政村从敦寨镇析出，重建新化乡；原隆里乡属的隆里所、王家榜、龙里司、华寨 4 个行政村从钟灵乡析出，重建隆里乡。1996 年 4 月，经省政府批准，茅坪上寨、茅坪下寨、阳溪、新建、宰大溪 5 个行政村从三江镇析出，恢复茅坪镇。

根据中央和省、州关于发展小集镇、拉动农村经济快速发展的要求和三板溪电站开工建设实际，2000—2001 年，经省、州政府批准，县政府先后撤销铜鼓乡、平略乡建制，建立铜鼓镇和平略镇。

2003—2004 年，县政府实施易地搬迁扶贫政策，从平秋镇、彦洞乡迁入 68 户到新化乡新化所村辟新园安置点安置，增设 2 个组，即新化所村第 20 组、第 21 组。另外，县政府在铜鼓镇岔路村十里坪设移民新村，将云照村山体裂缝危房户、三板溪水电站移民户和其他地方易地扶贫搬迁户迁移至此居住，新设 1 个组。

因三板溪电站水库淹没，2004 年县政府撤销河口乡文斗河边村建制，将平略镇中寨、陡寨两村合并新建三板溪村。是年底，全县下属 7 镇 8 乡，205 个行政村。

2007年11月，县辖乡镇实行撤小村并大村，县政府行文将原210个行政村和社区（含茅坪居民区）合并建立147行政村（社区）。

2010年10月，县委、县政府决定对行政村作进一步调整，恢复部分合并以前的行政村建制。仍保留合并的行政村有15个。至此，全县行政村计185个。合并之后，有的行政村规模过大，管理不便。而合并后，为便于管理，县统计、公安、计划生育、民政等部门根据上级意见仍按并村之前的模式进行管理。① 至2019年，锦屏县辖8个乡、7个镇和1个省级经济开发区，187个村民委员会，8个社区居民委员会，1个街道居民委员会。②

第三节　人群移动与民族分布

锦屏是个多民族杂居的县份，侗、苗、汉族人口较多，侗族为最。据最新一版县志数据，2009年，侗、苗、汉3个民族人口占全县总人口95.56%，其中侗族占50.02%、苗族占37.8%、汉族占11.74%。2018年末，总人口236230人，城镇人口50429人，乡村人口185828人，有侗、苗、汉等24个民族，少数民族人口占总人口的89.25%。③ 2019年最新数据则显示少数民族占总人口比重为89.43%。④ 侗族为传统世居民族，苗族大致在宋、元时期以及明初从湖南、广西和清水江中上游地区陆续迁入县境，汉族则在明代以后通过随军、经商、逃荒等形式陆续进入锦屏地区。经过几个世纪的磨合，侗、苗、汉族之间由宋、元、明时期的相互斗争到清代的互相隔膜，到如今的相互依存、和睦相处。水、布依、彝、壮、瑶、土家、仡佬、黎、白、回、满等民族人口，则是1951年以后特别是1990年代打工潮出现以后，通过工作分配、婚姻等形式由外地迁入。如今，县内的侗、苗、汉等各民族亲密无间，除语言之外，各民族间已没有明显的界线。

① 参见锦屏县地方志编纂委员会编:《锦屏县志（1991—2009）》，43—46页，北京，方志出版社，2011。
② 《锦屏年鉴》编纂委员会编:《锦屏年鉴（2020）》，89页，贵阳，贵州人民出版社，2020。
③ 《锦屏年鉴》编纂委员会编:《锦屏年鉴（2019）》，42页，成都，成都地图出版社，2019。
④ 《锦屏年鉴》编纂委员会编:《锦屏年鉴（2020）》，89页，贵阳，贵州人民出版社，2020。

一、侗族源流、迁徙与分布

侗族主要聚居在平秋镇的平秋村，彦洞乡、大同乡、启蒙镇、三江镇，茅坪镇的新建、阳溪，河口乡的中仰、九佑、美蒙，平略镇的平铺、归皎、留纪，铜鼓镇的铜坡、高柳、水冲村。

侗族是世居民族。秦汉时称之“越人”“黔中蛮”“武陵蛮”“武溪蛮”等，三国称“山越”，魏晋至唐称为“僚”，宋称“仡伶”。明代开始明确称为“峒（硐、洞）人”或“峒蛮”，清代则多称为“洞家民”，或泛称为“苗”。

在古代文献中有不少关于“洞人”“洞蛮”“峒苗”等的记载。唐代，湘、黔、桂边境羁縻州把“峒”或“洞”作为州、府辖的基层单位。宋元时期，“峒”或“洞”就成了羁縻州下属的行政单位，所谓“大者为州，小者县，又小者为峒”。明洪武初，吴良平定五开（今黎平）、古州（今榕江），当时锦屏等地属外古州，有223洞。后来“峒”或“洞”便成了侗族的专称。至今，侗族地区仍有不少以“洞”命名的村寨。锦屏境内就有排洞、银洞、绍洞、老洞、密洞、秀洞、山洞、菜洞、八洞、腊洞、婆洞、魁洞、流洞、华洞、彦洞等。

明代初期，朝廷镇压黎平吴勉、锦屏林宽起义后，派大军进入锦屏地区屯垦。清雍正、乾隆时期，兴起于明代中后期以锦屏为中心的清水江流域木材贸易发展繁荣，湖南、江西等地的破产农民和手工艺者等大量进入此地区贸易和谋生。侗苗人民也积极接受汉族文化，尽可能融入汉族之中。特别是道光末期至咸丰初期，县内原有的侗、苗民族多利用此机会纷纷改附为汉族。至民国时期，县内几乎所有姓氏都自称外来移民。杨再思以部属吴、龙、谢、姚、石诸大姓。

二、县内苗族源流

县内苗族主要聚居在河口、固本、偶里乡和三江镇的排洞、卦治、乌坡、令冲、合冲，茅坪镇的茅坪上下寨、宰大溪，平略镇的平略、地芽、果丛、讲略、林星、平鳌、寨早、岑梧、归朝，钟灵乡的娄江、展金、贡村、八客、八佰、寨稿、钟灵等，大同乡的稳江、八河、普西、龙矮，敦寨镇的培寨亮司、平江、龙池及铜鼓镇的铜坡、高柳、同门、同安、同里、火冲、寨王等。

苗族的祖先，早先生息在黄河和长江中下游。由于历代战争、灾祸等原因，经过多次的辗转迁徙，部分苗族由湖南地区进入贵州避乱。元至元二十九年（1292），朝廷才诏谕“铜鼓、潭溪、九保等地诸洞蛮苗”。明洪武五年（1372），不少苗民又从五开、古州等地翻山越岭进入锦屏的固本、新民、裕河、瑶光等地定居。洪武年间，明朝廷设置五开、铜鼓两卫，推行屯、堡政策。

偶里乡尹姓，自称来自甘肃天水，后东迁河南，宋末战乱，迁居湖南渔水湾（今怀化一带），元初迁来锦屏铜鼓，元末再迁偶里。该乡部分龙姓，自称来自湖南绥宁东山乡，元末迁到锦屏魁胆，明代由魁胆迁居下料，后才迁偶里定居。娄江乡杨姓苗族，自称原籍江西，后迁四川，再迁湖南靖州，明初由靖州迁居黎平中黄，旋迁娄江定居。甘乌、彰化、岩湾、格翁范姓，自称来自湖南隆回，明初迁到黎平中黄楼梯屯，后才迁居现在住地。瑶光、文斗地区姜姓，自称祖籍与迁来时间均不相同。有的原籍江西，有的分别来自浙江、江西、湖南。有的于明初迁来，其他姓氏苗族的迁徙，自称大多数是明、清时期迁入锦屏的。1980 年代，有的姓氏编修族谱，还特地到江西吉安市寻宗，但均无功而返。

三、汉族源流、迁徙与分布

汉族多居住在三江镇（县城）、铜鼓镇的铜鼓村、花桥村、岔路村，敦寨镇的敦寨村、九南村、笋屯村、山洞村、雷屯村、地步村、邦寨村、架寨村，隆里乡的隆里、王家榜，钟灵乡的坪寨村、大官舟村、小官舟村，新化乡的新化所村，固本乡的南河村江口等村。

汉族迁入锦屏，时间大多在明代前期，清代中期也有相当部分进入。迁入的原因很多，铜鼓、隆里、新化等地多数是明代前期从江西、河南等地被征调到此，随后屯垦落户；清水江沿岸各寨多数是清代中后期锦屏等清水江中下游木材贸易发展后，以逃荒、逃难、经商行医或做手工等形式，从湖南、湖北、江西、福建等地迁来，有的被封建统治阶级强迫迁徙，到此“安屯扎营”，进行屯种，以后屯废，在此定居。其中迁入最多的是明初和清雍正时期，明洪武十八年（1385），明廷镇压吴勉起义之后，便“安屯设卫”（五开卫），从江西等地迁来大量“屯军”“屯民”，到此进行“三分守城、七分屯种”。当时设在锦屏（铜鼓）的有 40 屯，屯军约 200 人，屯民不下万人。洪武三十年（1397 年）镇压由林宽领导的侗、苗族人民大起义之后，又增设铜鼓卫，新增“屯军”“屯民”。

清雍正时期，云贵总督鄂尔泰和贵州巡抚张广泗在贵州实行“改土归流”，用武力“开辟清江六厅”，黔东南苗、侗地区人口锐减，寨少人稀，田园荒芜。乾隆元年（1736），张广泗呈奏苗疆善后事宜，建议招广西、湖南等地汉人到此耕种。后来社会安定，清水江木材生意兴隆，逐年都有经商行医、做手工、办学、任职等原因到此定居者。现定居在锦屏的汉族有赵、钱、孙、李、刘、唐、张、徐、朱、洪、沈、江、马、胡、杨、梁、曾、代、邓、陈、何、游、曹、项、宋、蔡、严、颜、夏、储、黄、章、欧阳、包、傅、腾、孟、肖、汤、易、顾、潘、余、阮、常、康等50多个姓氏。早期集中迁来的，大多居住在铜鼓、敦寨、新化、隆里等经济条件较好的坝区。乾隆、嘉庆以后陆续零散迁来者，多落户在王寨、茅坪、平略等清水江、小江、亮江沿岸。当然，由于历史原因，汉族居住也常有变动者。

第二章　探索时期的主要工作及成就

新中国成立之后到改革开放的历史时期里，锦屏县发生了翻天覆地的变化。彻底摧毁了封建地主、官僚资本和帝国主义在锦屏的反动统治，建立了以工人阶级为领导、以工农联盟为基础的人民民主政权。在民主革命彻底胜利的基础上，又取得了社会主义革命和社会主义建设的伟大胜利。虽然这一历史时期也遇到过社会发展道路上的挫折，但在中国共产党的领导下，克服了一个又一个艰难险阻，继续向着社会主义新时代迈进。

第一节　土地改革

据 1951 年调查统计，锦屏县地主人口占全县总人口的 6.7%，拥有耕地占全县耕地总面积的 31.2%；富农人口占总人口的 2%，拥有耕地占总耕地的 19.1%；占总人口 91.2% 的普通农民，拥有耕地为全县耕地总数的 49.7%。贫农家庭人口人均拥有耕地的粮食产量为 60 公斤，雇农则只有 20 公斤。

1951 年初，县人民政权恢复建立以后，经过一年的清匪、反霸斗争，沉重地打击了封建势力，农民在政治上有了地位；通过执行减租退押、退帮工帮粮等政策，农民在经济上也得到了初步的利益。但土地私有制度依然存在，封建地主阶级仍没有从根本上被摧垮。1951 年 6 月 30 日，《中华人民共和国土地改革法》颁布，为农村的土地改革提供了法律依据。随后，中共贵州省委和镇远地委先后下发文件，部署开展土地改革工作。根据中央的决策和省、地委的指示，锦屏县委在 1951 年 12 月 16—21 日召开的县委扩大会上，传达了镇远地委土地改革工作会议精神，决定在 1952 年有计划、有步骤地进行土地改革。

根据贵州省委的指示，1952 年 3 月中旬，镇远地委派土地改革工作团 20 余人到锦屏，与县委从县机关抽调部分干部组织土改工作队，深入各区乡和村寨，与群众同吃、同住、同劳动，宣传党的土地改革政策，了解群众的思想动态。按照上级的要求和锦屏县的农村工作基础、干部条件等实际情况，县委决定将全县的土地改革分为两期进行。列为第一期进行的有 5 个乡 1 个镇，即第一区的三江镇和大同乡，第三区的铜鼓、敦寨、钟灵、新化 4 个乡，共 643 个村 8926 户 3.28 万人；列为第二期进行土地改革的共 8 个乡，即第一区的平略、偶里、九寨 3 个乡，第二区的启蒙、固本、隆里、瑶光 4 个乡，第三区的平茶乡，共 67 个村 1.22 万户 5.61 万人。

第一期土地改革工作分为两大阶段。1952 年 1 月至 4 月为准备阶段（执行“五大任务”和削弱地主阶级），5 月至 6 月为正式进行“土改”阶段。

第二期土改的乡村，大多数为侗、苗族聚居区或杂居区，地处边远，交通不便，经济基础较为薄弱，民族风俗习惯较浓厚，所以准备的时间相对较长。1952 年 1 月，县委即派工作干部深入这些乡村了解情况，组织发动群众，整顿农民协会组织，准备工作到 6 月份基本结束。7 月上旬开始按步骤进行土地改革，到 8 月下旬各乡先后完成。九寨乡因各方面条件都最差，9 月份才最后完成。

经过轰轰烈烈的群众运动，全县两期土地改革分别于 1952 年 6 月上旬和 9 月份完成。通过土地改革，将农村富有阶级整体上消灭了，使各阶层对土地的占有量大体上均衡。改革之后，县内各阶层占有耕地的情况发生了根本变化，贫雇农占有的耕地为全县总数 42.41%，共计 44782.9 亩，人均 1.08 亩；占有杉山占全县杉山数 43.47%。小土地出租占有的耕地为全县总数 3.36%，共计 3542.88 亩，人均 1.34 亩。中农占有的耕地为全县总数 39.4%，计 41607.98 亩，人均 1.34 亩；占有全县 35.92% 杉山。富农占有的耕地为全县总数 5.11%，计 5392 亩，人均 1.94 亩；占有全县 6.14% 的杉山。地主占有的耕地为全县总数 5.59%，计 5907.74 亩，人均 0.92 亩；占有全县 0.77% 的杉山。其他阶层占有的耕地为全县总数 4.1%，计 4324.79 亩，人均 0.43 亩；占有全县 11.07% 杉山。

土地改革是在中国共产党领导下，彻底铲除封建剥削制度的一场深刻的社会革命，真正实现了中国农民数千年来得到土地的愿望，使农民真正从经济上翻身做了主人，从而最深入、最广泛地调动了农民群众的革命和建设的积极性；使农业生产力获得了极大的解放，并确立了贫雇农在农村中的优势地位；使广大农民从封建地主阶级的剥削中解放出来，得到了赖以生存的土地，对共产党和人民政府也更加信任，生产积极性空前高涨，成为锦屏人民奔向幸福生活的基石。

第二节　社会主义改造

根据新中国形势的发展变化，1953 年下半年，中央正式提出党在过渡时期的总路线：从中华人民共和国成立，到社会主义改造基本完成，这是一个过渡时期。党在这个过渡时期的总路线和总任务，是要在一个相当长的时期内，逐步实现国家的社会主义工业化，并逐步实现国家对农业、对手工业和对资本主义工商业的社会主义改造。随即，中央宣传部在全国开展党在过渡时期总路线的宣传，锦屏县委也组织在全县范围内掀起学习和宣传党在过渡时期总路线的高潮。1953 年初，贵州省委和镇远地委先后下发文件，要求贯彻党中央关于党在过渡时期的总路线，对农业、手工业和资本主义工商业实行社会主义改造（简称“三大改造”）。中共锦屏县委根据本县实际，从 1953 年 3 月开始，在全县掀起了轰轰烈烈的“三大改造”运动。到 1956 年，全县基本实现了农业生产合作化，个体手工业和工商业也改造成为国营经济领导下的社会主义集体所有制经济。

一、对农业的社会主义改造

（一）农业生产互助组的建立

1953 年 8 月 31 日，县委召开扩大会议，县委书记吴振江传达第一次全国农村工作会议精神和毛泽东主席关于“各级党委都要搞一两个农业互助合作试点”的讲话精神，同时贯彻地委召开的县委书记会议精神，研究布置在农村开展互助合作的工作问题。至 1954 年底，全县互助组达到 1719 个，参加的农户达 1.15 万户。1955 年经整顿后，全县互助组有 1537 个，参加户数 9538 户 4.25 万人，其中常年互助组 595 个 4118 户 1.82 万人，临时互助组 942 个 5420 户 2.42

万人。这种农业生产互助组有两种类型，即临时互助组和常年互助组。临时互助组是临时或季节性的，农忙时互助，农闲时单干；农业上互助，副业上单干。而且田土、耕牛、农具都仍为私人所有。在互助的方式上，大多只是以工换工，不作评分记工。常年互助组则是有一定的领导力量（有党员或团员、村干或积极分子），成员比较固定，长年互助；有比较合理的评分记工制度，初步实行了生产上的民主管理，并制订有生产计划；耕作技术有所提高，实现了增产。

（二）初级农业合作社的建立和发展

1953 年 2 月，党中央将 1951 年 12 月下发试行的《关于农业生产互助合作的决议（草案）》作了修改，下发各省施行。这个决议要求各地在条件比较成熟的地区，有领导、有重点地发展初级农业生产合作社。1954 年 3 月上旬，县委召开会议，传达了地委关于试办农业合作社的指示，决定开展农业合作社的试点工作，并确定以亮司作为试办农业合作社的试点。3 月中旬，以龙安保互助组为基础，联合王长林、龙家炳、龙桥生等几个组（共 26 户 39 人），建立了锦屏县第一个农业生产合作社，取名“兴安农业合作社”。3 月下旬，县委又在偶里乡的寨霞村以龙道福等互助组为基础，联合其他的几个互助组成立了“八一农业合作社”。

为了加快合作化的进程，1956 年 1 月，县委组织了有党团员、社干、队干和积极分子参加、有 1.54 万人参加的农业合作化宣传队伍，深入农村开展宣传发动工作。同年 4 月 4 日，县委印发中共贵州省委批转省委农工部《关于高级农业生产合作社中若干具体问题的处理意见》到各区委和乡党支部，要求向广大农民群众进行宣传。省委农工部的这个“意见”对土地、耕牛、山林等生产资料入社做了具体的规定：一是土地一律转为合作社公有，取消土地报酬，但要留给社员少量土地用于蔬菜等作物的种植。少数民族地区社员的麻园地、棉花地、祭祀田和妇女的私房田以及如马郎坡、跳花场、斗牛坡等特殊土地可以不入社。社员出嫁、改嫁和入赘，本人的土地不能带走。二是社员的私有耕牛入社应合理作价（幼畜可不入社），社员私人养的猪、家禽不作价入社，少数民族的斗牛、祭祀牛、姑娘牛等一般也不作价入社。社员私有的犁、耙、水车、水碾、油榨等大型农具视质量作价入社，刀、锄等小农具不入社。三是社员私有的成片林木和果园在经与社员协商后可以折价归社公有，社员宅旁、园地和自留地上的零星树木可以不入社，仍归社员所有。村寨中的族林、坟林、风水林一般不入社。社员私有的成片柴山，也应合理作价归社公有。社员可以退社。退社时，合作社应视社员入社时所交公的情况退还相应的生产资料。

（三）掀起农业合作化高潮

1956年5月12—16日，中共锦屏县委组织召开全县第一次党员代表大会。这次大会学习贯彻了中共中央七届六中全会通过的《关于农业合作化问题的决议》和毛泽东主席起草的《农业十七条》。党代会结束后，全县掀起了农业合作化运动高潮。到1956年1月底，除了初级社在1955年基础上继续增加到283个以外，还开始试办了4个高级农业生产合作社（即由龙埂乡、三江镇合办一个，隆里、亮司、花桥3个乡各办一个）。入高级社农户共1882户，占全县总农户的9.6%；加入高级社的田面积83.44担，产量34.4万公斤。这4个高级农业社是以36个初级社为基础，联合了28个互助组和293户农户，以及155户地主、富农建立起来的。

1956年11月4日，县委印发黔东南州委《关于高级社具体问题处理的补充规定（草案）》，该"补充规定"根据少数民族地区的特点，对土地、耕畜、农具、山林等入社具体的问题作了相应的规定。土地方面，村寨集体的马郎坡、姊妹坡、斗牛场、芦笙场、跑马场、跳花坡、社堂、鼓楼地、堂歌地、路田一律不入社，已入社开垦了的要恢复起来；龙船田、渡船田暂不入社，合作社可以租种；棉花地、土烟地、蓝靛地、麻园地等可以根据实际需要留一部分给社员，多余的入社；姑娘田、祭祀田可以不入社；合作社应划一部分水田给社员养鱼，以便待客和自食。耕畜方面，少数民族的虎牛、龙牛、祭祀牛、斗牛、跑马、牯脏牛、姑娘牛、保家牛、养老牛、养老马等一般不入社，用在社里干活的，应给相应报酬。已入社而社员要求退回的，应允许。林业方面，少数民族的族林、坟林、风水林、风景林、古树一般不入社，如果群众同意入社了的，合作社必须保护；合作社在收买社员私有林木时，对社员需要新修和补修房子、打桌子板凳等家具、做好事架桥、老人寿木等用材应予留出；社员的柴山一般不入社。

由于锦屏是传统的人工林业县，有相当部分村寨林业经济在整个经济中占有很大的比重，所以在组织合作社时，县委特批准在平秋、高岑、高坝、黄门、彦洞、卦治、小江、大同、固本、文斗等山多田少、对林业依赖较大的乡，组建林业生产合作社。

到1956年冬，全县所有的初级农业生产合作社先后都转成了高级农业生产合作社。到1957年春，全县的农村完全实现了高级形式的农业生产合作化。

二、对手工业的社会主义改造

1950年代初期，手工业在全国的国民经济中占有很大的比重，人民群众所需的生产资料和生活资料，大都出自手工业生产。但是，分散的个体经营的手工业生产是落后的，由于受到私商的剥削，很难稳固，如果任其自发存在，就会出现少数人发财，多数人受穷的现象。因此，1952年下半年在“过渡时期总路线”公布以后，党中央决定对手工业进行社会主义改造，通过走合作化的道路，把手工业私人所有制改变为集体所有制，使其劳动者走上社会主义道路。1953年12月，全国第三次手工业生产合作会议讨论和确定了手工业社会主义改造的形式和步骤。1954年6月，党中央批准了第三次全国手工业生产合作会议的报告，手工业生产合作化运动在全国展开。

锦屏县传统手工业基础薄弱。1951年，全县的手工业行业主要有铁（木）农具加工、铁（木）家具加工修理、金银首饰加工、钟表修理、砖瓦、棕草加工、棉花加工、棉毛线加工、缝纫、印染、皮革制造、榨油、碾米、酿酒、雕刻、豆腐加工、石匠、印刷等30多个行业，有110户左右。其中，从事铁器加工（维修）的最多，有50多户。此外，农村的手工纺织普遍存在，大多数家庭都有纺织设备，新化、敦寨有纺织工具的农户占70%，平秋、彦洞、启蒙、河口等乡镇拥有纺织工具的农户更是高达95%，农户多数自给自足，少数有多余产品出卖。这年，县政府召开全县土特产会议及手工业会议时不完全统计，全县每年可生产小土布3万至4万匹。1953年，全县计有手工业从业者115人，总产值703万元。其中，个体手工业者合作组织的从业人员11人，年总产值66万元。

锦屏县手工业的社会主义改造同农业生产合作化同步进行。1953年9月，县委在贯彻党中央的“过渡时期总路线”中，要求县供销社将县内的个体手工业户组织生产互助组。至年底，县供销社将县内的雨伞、糖果、打铁、木竹加工、砖瓦等11个手工行业的158户个体经营户组成生产互助组，实行集体生产，按股分红。这是锦屏县手工业集体化的开端。1954年7月下旬召开的中华全国合作社第一次代表大会上明确提出，根据国家计划和价格政策，通过合同制度和计划供销业务，把小农经济和个体手工业者逐步纳入国家计划的轨道。随后，在中央政策的宣传下，全县城乡已组织起来的和尚未组织的个体户，都接受了国营商业及合作社的加工、订货、包销和收购任务。1954 年，锦屏全县个体手工业接受国营商业及供销合作社加工、订货、包销和收购的总产值就达 697 万元（其中农业生产资料的加工和订货包销占 593 万元）。已组织起来的手工业生产互助组接受加工的总产值达 195 万元。

1955 年 1 月，县委在部署农村建立农业生产合作社的同时，布置在基础较好的手工业互助组中建立合作社。2 月，县手工业管理科以县雨伞厂为试点，建立起第一个手工业生产合作社——雨伞生产合作社。实行生产资料集体所有，统一核算，共负盈亏，按劳取酬。稍后，又将县城内的个体木工组成双江木器生产合作社。1956 年春，县委贯彻党中央“一化三改”（实现社会主义工业化，对农业、手工业、资本主义工商业进行社会主义改造）政策，掀起手工业合作化的高潮。至年底，全县共计组建了 34 个行业合作社，所有的 530 户个体手工业者均加入了相应的行业生产合作社。至此，全县的手工业社会主义改造完成。

三、对资本主义工商业的社会主义改造

1951 年 2 月，全县登记的坐商有 448 户，摊贩 140 户，资本 13.79 万元。到当年的 11 月份，全县商业共有 19 个行业，商户有 516 户，资本增至 46 万元。在 19 个行业中，木商资本占各行业总资本的 67.65%，纱布业资本占 17.4%，杂货业占 6.98%，百货业占 1.28%，其他行业占 6.69%。在流通的物资中，输出以杉木为主；输入的物资，最主要的是布匹（从春季到秋季总输入达 1.38 万匹，其中国营输入占 14.47%），其次是食盐（春季至秋季总输入量为 264.4 吨。5 月份前，私营盐的输入量大于国营输入量，5 月份以后，国营占了主导，输入量占总和的 44%）。

对资本主义工商业采取利用、限制和改造的政策，是党的社会主义过渡时期总路线和总任务的重要内容。在党中央的政策指引和省委、地委的安排部署下，1953 年 1 月，锦屏县委成立国家资本主义办公室，开始对资本主义工商业进行限制和改造。具体的政策措施是：凡爱国守法的工商户，鼓励利用其资金经营，

违法的工商户则限制乃至取消其经营；通过加工订货、代购代销、统购统销、公私合营等方式对私营工商业进行改造，引导其走上国家资本主义道路。1953年初，锦屏县全县共有私营商业及饮食业607户，从业人员654人。

到1955年底，全县已纳入改造为经销、代销、代购及合作小组等类型的共475户，占全县工商业总户数的77.4%；已纳入改造的从业人员507人，占总从业人员的77.52%（其中已组织合作小组6个35户41人）。这时，国营商业和合作社商业已掌握了全部的批发业务。在零售方面，国营商业占35.75%，国家资本主义商业占31.45%，私营商业占32.8%。对于粮食、油料、棉花等实行统购统销，在很大程度上限制了私商在自由市场的投机钻营。同时，国营商业基本掌握了商业货源。这样，私营商业大多因货源缺乏而自觉地走上了国家资本主义或合作化的轨道。

在城关地区，1956年7月底，已组织有7个公私合营商店和4个合作商店。在7个合营商店中，当年1—7月合计营业额为32.08万元，比1955年同期的23.45万元上升了36.8%。1—7月收入4.59万元，比1955年同期收入3.05万元上升了50.5%。除开工资、奖金、经营费用、税金、公积金等项以外，尚盈余0.37万元。4个合作商店中，1956年1—7月的营业额合计为6.4万元，比1955年同期4.14万元上升54.6%，1—7月的营业收入为2.87万元，比1955年同期收入2.18万元上升31.65%。扣除工资、经营费用、资金、税金等项以外，尚盈余0.35万元。到1956年12月，全县参加定股定息的公私合营商户242户，从业人员235人，共有资金8.43万元。全县参加组织合作商店（组）有257户258人，共计资金1.49万元。

与此同时，全县农村集镇对资本主义商业改造也收到了较好的效果。到1956年8月，全县集镇参加公私合营的私商有92户101人。当年1—7月的营业收入1.4万元，除去工资、奖金、经营费用、税金等，盈余0.14万元。参加合作商店的私商94户，从业人数102人。1—7月的营业收入0.78万元，扣除工资、奖金、经营费用、税金等项，还盈余0.15万元。参加合作小组的10户10人，1—7月营业收入0.27万元，比上年同期上升107%。自营户7户7人，1—7月营业收入0.17万元，比上年同期上升80.93%。

1956年4月，县政府召开对私改造工作会议，贯彻执行地委财经会精神，联系锦屏市场行业的特点和市场供求，针对以上存在的问题采取了相应措施予以纠正：一是对经营地区实行划片包干的办法，消除了以往在经营上存在的地区之间、行业之间争夺市场和争夺、推诿品种等现象；二是对不同行业和不同地区合营单位进行了一次大整顿，撤销过大的核算单位，重新以小型单位进行核算；三是实行送货下乡，不论是公私合营或合作商店，都很好地完成了任务；四是进行工资调整，将公私合营和联营商店的职工工资调高与国营企业职工大体持平，使职工的收入普遍超过原来的水平。通过调整工资，提高了企业职工的积极性，调动了各方面的积极因素，对企业经营的计划任务能够完成或超额完成。

第三节　在探索中发展

在土地改革、社会主义改造和社会经济恢复和发展之后，发生了“大跃进”与“人民公社化”运动，特别是“文化大革命”的发生和发展，使党和国家经历了严重挫折。

一、“大跃进”

1957 年冬至 1958 年春全国掀起的农业生产高潮，拉开了“大跃进”的序幕。锦屏县的“大跃进”主要表现在以大炼钢铁为主的工业生产“大跃进”和以改良土壤、深耕密植为中心内容的农业生产“大跃进”，同时还有大办交通、大办教育，等等。

1957 年以前，锦屏县的交通较单一，陆上交通线路只有过境的桂穗公路和锦榕公路，在县境内的共 55 公里。水路交通方面，有清水江流经县境近 60 公里的干流航道以及亮江、小江两支流数十公里河段，可通行小木船或放运木排。整体上，锦屏的交通运输还十分落后，跟不上经济建设发展的需要。

1958 年 8 月 1 日，县委成立锦屏县筑路团，团下设营、连、排、班，从全县各区、社抽调民工 1100 多人，采取突击作战的形式修筑公路。经 4 个月的日夜奋战，至 8 月底，全县修马车道 999 条（段），总长 2054 公里。此外，还铺设了木轨平车道98条。至12月底，共计完成了县城至卦治、铜鼓至岔路、新桥至江口、新化至隆里4条（段）公路，总长37公里，竣工35公里。1959年10月，县人民委员会成立筑路指挥部，各大公社也相应成立筑路指挥部，组织民工开展更大规模的修路运动。1958年“大跃进”运动后，州委重视对清水江及小江、亮江等支流河道的建设和改造。1958年冬，州人民委员会组织锦屏、天柱、三穗3县民工整治锦屏县城至三穗县瓦寨80多公里的小江河段。1959年秋、冬，州委再次从锦屏、剑河、黎平等县抽调民工，除继续完成锦屏至托口的拖轮航道工程外，另开辟了锦屏至剑河南加的浅水拖轮航道。同时，对亮江全河、小江锦屏县城至摆洞段、乌下江河口至八受段进行整治。1960年上半年，又对托口至剑河的拖轮航道作进一步整治。至此，锦屏县内清水江航道可通行30吨级的拖轮和流放15米至20米长的木排；亮江0.5吨至1吨重木船可行至敦寨，小船可行至黎平县高屯；小江摆洞以下常年可行3吨至5吨木船。诸河道的整治，对当时以及后来的锦屏县水上物资的交流运输和锦屏经济的发展起到了重要的促进作用。

1958年秋，县委贯彻党中央“教育必须为无产阶级政治服务，教育必须同生产劳动相结合”和“两条腿走路”的办学方针，掀起办学热潮，各区、乡和社纷纷要求开办学校。由于锦屏林业战线上取得斐然的成绩，9月，县委创建锦屏林业大学。年底，黔东南州林业专科学校和贵州省林业学校迁来锦屏与锦屏林业大学合并建成贵州省林业学校。同时，在三江、九寨、茅坪、偶里、启蒙、新化、敦寨、花桥、钟灵等地办农林业中学，平略办药材中学，共计有学生1550人。另外，还有卫生学校1所，畜牧中学2所，锦屏中学附设一个师范班。全县共办有各种职业中学31所，招收学生1873人。这一时期办学是为适应工农业生产“大跃进”形势的需要而进行的，即普通教育与职业教育相结合，都实行半工半读。除林业大学和卫生学校、师范班外，其他新办职业中学的老师由村小学派教师授课，没有专用校舍，大多借用社队公房或小学多余的房间上课。职业中学学制2年，半工半读。每所职业中学都划拨有供教学用的农田土地和山林，而且都办有小型工厂（如林化厂、钢铁厂、木工厂、纤维厂等）。1959年大柱并入后，全县有职业中学33所，有学生2658人，教师370人。1961年，因经济困难，县委决定对学校进行整顿压缩，1958年后新办的职业学校除县林业学校外，全部停办。

二、人民公社化运动

1958 年 3 月，中共中央政治局成都会议通过了《关于把小型的农业合作社适当地合并为大社的意见》。意见指出："为了适应农业生产和文化革命的需要，在有条件的地方，把小型的农业合作社有计划地适当地合并为大型的合作社是必要的。"会后，各地农村开始了小社并大社的工作，有的地方把合并后的大合作社称为"人民公社"。

根据上级指示，锦屏县委在 1958 年春季即大张旗鼓地开展人民公社化运动的宣传，并着手进行人民公社的建立。1958 年 8 月下旬，县委组织召开三级干部会议，县委书记李绪泰传达中央和省、州委关于农村建立人民公社的文件，同时认真学习了河南省遂平县建立人民公社的经验材料。随后，县委决定在三江镇搞人民公社化试点，将三江镇和茅坪、大同、卦治、小江、秀洞 5 个小乡的 49 个农业生产合作社合并建成三江红旗人民公社，全公社共有 5048 户。9 月 3 日，县委组织全县各区、乡、社干部和三江范围内的群众万余人在县城王寨河边沙坝上召开红旗人民公社成立大会。9 月 9 日，根据省、州委的指示和试点经验，县委发出《关于迅速开展建立人民公社运动的意见》，从县内各地区域环境、居住人口等情况出发，将全县的高级社组建成 8 个人民公社联合社。

1958 年 12 月中旬，人民公社化运动进一步发展，建立大人民公社。根据上级指示，县委撤销原三江、九寨、启蒙、敦寨 4 个区，将原 8 个人民公社调整为 4 个大公社 36 个管理区，即原来一个区建一个大人民公社、一个乡建一个管理区。大公社建立公社党委和公社管理委员会，公社党委下设办公室、监察、共青团、妇联、组织、宣传、农业、林业、工交、福利等办事机构，要求每个工区建立有托儿所和敬老院。12 月底，天柱县并入锦屏县，全县计有 10 个人民公社 100 个管理区。

总之，1958 年秋人民公社建立后，一切都强调"公"字，认为越公越好。原来属于社员的自留地、自养牲畜、自留林木、农具等收归集体；将原来不同经济条件和收入水平的各生产队的山林土地、牲畜农具等生产资料和所有经济收入都无条件地收归公社所有，由公社统一核算和分配。

三、三年经济困难

1959—1961 年，由于受极“左”思想路线的影响，浮夸风盛行，高指标、高征购，瞎指挥，农村正常的生产和生活秩序被破坏，加上连续有虫、旱、水等自然灾害发生，造成农业减产，全县经济陷入危机之中，人民生活极其困难。

在极“左”思想的主导下，从 1958 年开始的“大跃进”和人民公社化运动，大刮“共产风”、大搞“一平二调”，生产瞎指挥，导致经济秩序受到严重破坏，造成了工农业的比例严重失调，加上连年的自然灾害，使锦屏县的经济和人民生活陷入严重困难的境地。

四、“文化大革命”

“文化大革命”是全国性政治运动，使党、国家遭受了严重的挫折和损失。这场运动开始于 1966 年 6 月，至 1976 年 10 月江青反革命集团被粉碎而结束。之后，经过真理问题的大讨论，经过拨乱反正，在党的十一届三中全会以后，各项事业才又得到发展。

五、“文化大革命”结束至改革开放前的探索与经济建设

从 1976 年 10 月粉碎“四人帮”反革命集团，到 1978 年 12 月党中央召开党的十一届三中全会前的两年间，由于极“左”的路线在很多方面造成的影响尚未完全肃清，人们大多在等待和观望。“文化大革命”结束后，锦屏县委、县革委坚决贯彻执行党中央的正确指示，深入开展揭批“四人帮”的罪行，从思想上、组织上彻底清除“四人帮”的流毒和影响，组织带领广大干部群众积极投身到各项经济建设上来，各方面都取得了前所未有的成绩。

（一）思想解放的探索

1. 对农村政策的反思

1970 年锦屏县革委会“补台”，特别是 1973 年县委恢复以后，在王光华、王永路等县委领导班子的领导下，形成新的工作思路，即一边应对以阶级斗争为主要内容的各种政治运动，一边狠抓农田基本建设为主的经济建设。1975 年邓小平主持国务院工作，在全国各条战线进行全面整顿，并很快有了明显起色。

1978 年 11 月 15 日，县委书记王永路在县委常委会上传达邓小平当年 9 月中旬在东北视察时讲话的精神（重点是要进行经济体制改革，把工作重心转移到经济建设上来），并结合锦屏的农村农业政策开展“实践是检验真理的唯一标准”问题的讨论。

2. 形成新的工作思路

1976 年 10 月粉碎“四人帮”后，中共锦屏县委班子通过揭批“四人帮”，查找自己的思想问题并进行深刻反思，然后深入调查，摸清县情，形成新的治县思路：一手抓革命，一手抓生产，把农田基本建设“当作一项伟大的社会主义事业来办”。县委认为，搞好农田基本建设，加快农业发展速度，不仅是个生产问题，而且是个政治问题，是一项严肃的政治任务，关系到全县 15 万人民走什么道路的问题。县委领导下定决心，要为锦屏人民干一辈子，尽可能把在“文化大革命”中的损失抢回来。1978 年初，县领导干部分成“三条战线”作战：第一条是抓政治运动，分设大批判、清查、大案要案 3 个组，负责抓揭批“四人帮”的各项工作，把人们的思想从“文化大革命”的极“左”状态中扭转过来；第二条是整党整风，负责抓全县各级党委整党整风运动，加强党组织建设；第三条是大搞农田基本建设和植树造林等各项经济建设，县委成立农田基本建设指挥部，负责指挥全县各基本建设工程施工。

3. 尝试减轻农民负担

1978 年 8—9 月，县委传达贯彻中央关于减轻农民不合理负担的中发（1978）37、42 号文件精神，对近些年来所有的平调农村劳动力的行为进行自我批评，最后决定对所调用农村劳动力和物资进行全面清理并退赔给生产队。10 月份，县委决定以有国家计划资金支持的县城清水江桥建设工程为退赔的试点。该桥从 1976 年 7 月开始施工，到 1978 年 9 月底，共计征调全县 27 个公社 121 个大队 643 个生产小队的劳动力 667 人（次），共出工 33.26 万天。经过清理，最后以每月每人按 5 元的标准退赔到各相关的生产队。此外，平金电站、大同电站、锦屏县城至彦洞公路等建设项目都属退赔范围，因全面退赔需要一笔相当大的资金，而当时县里根本拿不出资金来，退赔工作于是停止。

（二）狠抓农田基本建设

1977 年冬至 1978 年春，全县农田基本建设的声势之大前所未有。1977 年

10月中旬，县委组织全县区社党委书记、部分大队支部书记150人，在县委副书记姜继源、龙咸康的带领下赴湖南省桃源县参观学习。回来后，在全县掀起造田和改良低产田土高潮，根据山水林田路综合治理的要求，各区、公社和大队都明确有任务。全县动工的各类工程共计207处，投入劳动力最多时达到3.7万多人，占全县劳动力总数的70%以上，其中有专业队57个，队员6300多人。由于县委采取的措施到位，领导有力，干部团结协作，1977年冬至1978年春，锦屏县农田基本建设取得了“文化大革命”以来从未取得过的好成绩。截至1978年3月底统计，全县共完成低产田改造面积7953亩，占任务113.5%。全县改造冷阴烂锈田4100亩，坡土改梯土2984亩，其中铜鼓、敦寨、偶里、秀洞等公社主要根治排水不畅的低洼田坝和山冲田，这一冬春，共开挖长达1万多米的排洪除涝沟渠，为田园化打下了基础。

1977—1978年，在农田基本建设群众运动中，全县共计增加农田近万亩，农田的灌溉条件也得到了较大的改善。同时，大力推广以杂交稻为主的水稻优良品种。1977年，全县种植杂交水稻1200亩。1977年农业获得了历史上从未有的大丰收，粮食总产量达4077万公斤，比1976年增长9.5%，粮食亩产跨“纲要”的公社由1976年5个上升到12个，生产大队由34个上升到43个，生产队由236个上升到319个。有6个大队49个生产队粮食平均亩产超500公斤。1978年，全县种植杂交水稻面积增加到1.4万亩。1978年，全县粮食总产量达到4252.5万公斤，人均占有粮食达到273.8公斤，较1976年人均247.4公斤增加了10.7%。“农业学大寨”先进典型九寨区寨早公社岑梧大队，原先是个严重缺粮队。在“农业学大寨”运动中，发扬愚公移山精神，自力更生，艰苦奋斗，共计挖掉83座山头，填平33条山冲，搬掉70多万立方米土石方，开出新田83丘46亩，新修沟渠14条计18公里，粮食产量明显增加，到1978年粮食基本上实现自给。另外，小江、高岑、平略、启蒙等大队也都增加了相当部分农田。

（三）加强交通和水利设施建设

1. 建设和改善交通设施

锦屏县境内地貌破碎，山高谷深，交通先天困难。1970年以前，县内只有桂穗和锦榕两条过境公路，县乡公路也只有锦屏至启蒙一条，公路总里程不到100公里。1970年县革委“补台”以后，便将发展公路交通问题提到议事日程上来。县委认为，由于没有公路，大量处在九寨、河口、固本等深山区的木材运不出去，交通落后是制约锦屏县经济发展的主要障碍，是锦屏人民群众生活困难的主要原因之一。因此，需要大力发展交通。1971 年，县革委争取州革委的支持，动用县里所能掌握的林业更改资金将锦屏至启蒙公路往固本方向延伸，1974 年通达固本公社的南河大队。九寨区的平秋、高岑、黄门、彦洞、高坝 5 个公社是县内侗族的主要聚居区，也是全县交通最落后、人民生活最贫困的地区。1972 年 1 月，县革委决定以自力更生的方式修筑从锦屏县城至彦洞、贯穿整个侗乡、总长 38 公里的锦彦公路。1974 年 3 月县革委成立锦彦公路工程指挥部，从全县各公社抽调民兵 1000 多人组成“野战民兵团”。1976 年 10 月通平秋，1977 年 4 月续通至彦洞。修路所需资金主要由县委动用县里掌握的林业更改资金，不足部分向州林业部门请求补助。锦彦公路的修建，使千百年来困扰九寨高寒山区侗族群众的交通难题得到了解决。

1976 年，县委加大交通的力度。这年初，县委即拟出了一个初步规划，要在近两年在县内新修 4 条干线公路，以解决木材运输困难和群众的交通困难：一是锦屏县城到彦洞的锦彦公路，二是从平略公社八洋沿清水江右岸新修上到河口的沿江公路，三是从大同沿江而上修经钟灵接到隆里的公路，四是从启蒙八受修经地茶到隆里的公路。1976 年，县委决定动工修筑启蒙区八受至敦寨区隆里公社王家榜、全长 25 公里的公路，以将这两个大区连接起来。1977 年 11 月下旬到 1978 年 1 月中旬，县委组织启蒙区各公社和敦寨区隆里公社民工 8000 多人自带工具、粮食突击奋战 40 多天，共完成土石方 310 万立方米，实现全线贯通。1977 年冬至 1978 年春，县委采用民工建勤和民办公助等方式先后修通了铜鼓至岔路、敦寨至九南、便大至魁胆等林区公路总长 33 公里。至 1978 年底，全县公路 17 条，全长 250 公里。通车公社 24 个，大队 182 个，分别占全县公社和大队总数的 67%、80%。此外，还在敦寨区还在敦寨、新化坝区修了 30 公里的田间机耕道，使耕作条件得到了较大的改善。

与此同时，县委对水上交通的建设也同样重视。1970 年 7 月的特大洪水，使清水江航道遭到很大的破坏，尤其以县城段的蛇尾滩最为严重，枯水季节船只和排筏难以通行，清水江的航运能力大大下降。1971 年 10 月，县委成立蛇尾滩综合利用领导小组，组织湘黔铁路返乡民工 149 人对该河滩进行整治，在北面筑堤坝，将水集中于河中间，增加了水深，保证了木排和船只的四时畅通，提升了清水江的航运能力。

2. 水利设施建设

至1976年，锦屏的农业灌溉设施依然十分落后。县委认为，水利灌溉设施落后是长期影响锦屏粮食增产的重要因素。“水利是农业的命脉”，要想把粮食增产搞上去，必须先加强水利设施建设。1977年1月县第二次农业学大寨会议以后，县委在全县掀起了一场水利设施建设的高潮。根据农业建设规划，县委将水利设施建设的重点确定在新化、敦寨、铜鼓等产粮区社，其他各公社根据各自情况自行选点建设。1977年春，全县新上马建设和续建规模较大的水利建设项目有18处。各公社大队的干部群众积极性十分高涨，每个公社都上有一至多个水利工程项目，或小山塘，或小水沟，水利任务相对较小的社队则以开田为主。县委、县革委每个领导都明确有具体的区、社和工程的联系指导任务，他们经常深入自己负责的点上进行蹲点调查，解决实际问题。对出现的重大问题，县委及时开会研究解决。1977年春节，县委书记王永路带领县办公室工作人员到新化公社虎形水库工地慰问建设工人，并同他们一起在工地上吃年饭，极大地鼓舞了民工的干劲，整个春节期间工地都不休息。为加快工程进度，在虎形和水冲溪两个大水库还试行定领导、定劳力、定数额、定质量、定时间、定报酬的“六定”制，结果工效大为提高，平均每个劳力每天能挑土1.5立方米，最后达到3立方米。至1978年8月底，全县水库建设工程计有18处，山塘38处，水轮泵站2处、喷灌5处，共计蓄水1071万立方米，新增灌溉面积1.31万亩。在水利建设中，涌现出许多进度快、质量好，当年动工当年受益的典型。这些工程建成后，锦屏的农田灌溉条件得到了很大程度的改善（尤其以敦寨等亮江流域地区为明显）。至今，这些设施仍是锦屏县农业生产的重要基础和保障。

（四）发展工业和社队企业

1. 巩固和发展国有工业

1976年12月下旬，贵州省委召开计划和五小工业及社队企业会议，要求各县加快速度发展工业。1977年1月上旬，县委贯彻省委会议精神，就如何发展锦屏的工业问题进行深入讨论。最后形成共识：锦屏发展工业一定要从锦屏的实际出发，发展工业要围绕农业来办，办好工业后要能促进农业的进一步发展。按照先小后大，先土后洋，逐步发展的思路，巩固既有的国营和集体企业，新上一批能服务农业的企业。在产品的开发上，大力发展水轮机、水轮泵、打谷机等能服务农业的产品，以促进锦屏县粮食增产；利用丰富的松木资源生产牛皮纸，为水泥厂服务。县农机局要办造纸厂、供销社要办陶瓷厂、工交局要开金矿，农机局还要帮助各区办农修厂，县里计划争取州里支持建年产500吨的化肥厂。各公社发动社员利用小杂材生产供应城市的“五把一杠”。县委还要求各部门、各企业积极跑州、跑省、跑外省联系销路，打开市场。各级各部门、各企业思想上要解放，速度上要有大的突破，成绩上要有新的“跃进”，县委主管的领导和县主管部门要加强对各企业的领导，做到思想上有位置、计划上有盘子。

1977年5月，中央召开第二次全国工业学大庆工作会议，号召全国要开展“工业学大庆”运动，要把企业建成“大庆式”的企业。在加强思想政治工作的基础上，恢复和健全以岗位责任制为主要内容的企业内部管理制度；开始推行经济责任制，在企业内部改固定工资为浮动工资，把考勤、生产定额与工资、奖金挂钩。同时还加强企业的质量管理和财务管理。通过整顿，企业的活力得到明显增强，生产效益得到很大提高。这年，全县工业生产增长幅度较大，总产值达656.23万元，超州下达计划9.37%，比1976年上升9.7%。在全县29个企业中，有27个实现盈利。10个县办国营企业中，有9个实现盈利。1978年1月下旬，县委召开全县工业学大庆工作会议，提出“围绕农业办工业，办好工业促农业”的工业发展思路。会议认为，1978年锦屏县粮食生产要实现“跨纲要”，要完成生产任务4850万公斤。工业要想农业之所想，急农业之所急，围绕这一农业生产任务来做安排。1978年全县要实现工业总产值750万元，比上年增长14.3%。要大力发展农机生产和修理，全年要完成700台打谷机生产，以实现35万公斤粮食增产任务（减少撒落）。由于提出的目标过高，与实际有所脱离，加上管理跟不上，以致有相当部分生产任务未能完成，全年的工业总产值目标未能实现（只完成613万元）。而且，有的产品只讲数量而忽视质量（如打谷机），以致销路不畅，出现大量积压。

1977—1978年两年中，锦屏县的工业获得空前的发展，为后来的工业发展奠定了较好的基础，有不少的产品以其特色和质量在全州和全省有一定的影响。县水泥厂完成4330吨，实现产值21万元，被评为贵州省“工业学大庆”先进企业，出席全省建材行业工业学大庆会议和全国建筑材料工业学大庆会议，均得到表彰；县农机厂工业产值实现三年翻两番，所生产的水轮机、水轮泵、打谷机畅销湖南、吉林等地。在无图纸资料和经验的情况下，自制成功车间行车，将工效提高5—10倍，其生产的737型人力脱粒机在1978年全州三穗现场会上被评为第三名；县木器厂生产的特色产品樟木箱和画屏、杉枝木盆（又称“金瓜盆”）参加广交会受到外商青睐，要求订货，因产能低下未能达成合同；县纺器厂生产的垫木、垫脚板、梭箱底板等纺织机械配件、附件受省内纺织厂家欢迎；县印刷厂连续5年超额完成计划任务；县办酒厂生产的蜂糖罐酒醇香柔甜，被赞为“土茅台”，畅销县内外；县酱油厂生产的酱油也受到县内外市场的欢迎，畅销一时。

2. 兴办农村小水电

1970年代前期，中央和省委号召各地方要发展“五小工业”。县内溪河众多，水力资源丰富。1973年县委成立以后，因地制宜，要求各社队利用水力资源发展小水电，以解决农村照明和农产品加工的动力问题。随后，相当部分社队采用自力更生的方式修建水电站，至1976年，全县先后建成了40多座小型水电站，其中规模最大的是1972年上马建设、装机容量850千瓦的平金电站，该电站在1976年建成发电。1977年，上级号召“工业学大庆”，加快实现“工业化”的步伐，县委加大农村小水电建设的力度。这年，全县上马建设的农村小水电站15处，装机容量总计365千瓦。1977年，县委决定争取州、省的支持对亮江河实施梯级开发。1978年，县委规划并指示建设八里、龙池水冲溪、新化朱家坝、和平高洪、裕和陪陇、新民的新光、河口下洞、皎洞十二盘、高岑五香洞、寨早两步桥、固本扣文、中林白水坡、城关潘寨鸡叫冲等14个小电站，总装机容量2050千瓦。同时决定上马建设亮江的第二级电站、装机容量1290千瓦的大同电站（此电站于1980年7月建成发电）。1978年，全县总发电量为458万度，有力地促进了工业的发展。

3. 发展社队企业

1977年，上级号召发展社队企业，以作为集体经济的补充。根据上级的指示，县委要求各公社和大队根据自己的实际发展社队企业，以壮大集体经济。县委明确社队企业的发展方向，一是种植业，二是养殖业，三是加工业，四是采矿。这年5月，县革委下设社队企业局，负责社队企业发展的具体工作。同时要求各区、公社也要相应地成立社队企业工作机构。这年，全县的社队企业数量猛增。到年底，全县计有社队企业 391 个，有亦工亦农的职工 2900 人，其中社办企业 79 个，大队办企业 315 个。当时的社队企业基本上依附于林业，而且大多数的规模都较小，原料和销路都不稳定，生产效益较低，有的甚至是有名而无实。

1978 年，全县的社队企业较上年有了进一步的发展。发展社队企业，使一部分公社和大队有了一定的经济积累。到 1980 年代中期，社队企业改称乡镇企业。这些集体小企业，为后来县内非公有制经济的发展奠定了良好的基础。

第三章　改革开放时期的主要工作及成就

自党的十一届三中全会后，中央出台了一系列重大决策、措施，全面纠正“文化大革命”及其以前的“左”倾错误。中共锦屏县委认真、坚决、积极贯彻落实中央各项政策，带领锦屏人民朝着幸福之路大踏步前进，锦屏县各条战线发生了深刻变化，特别是包产到户、税费改革、生活保障等与老百姓切身相关的改革，使老百姓感受到了实实在在的幸福与美满。

第一节　贯彻党的十一届三中全会精神和政策落实

1978 年 12 月 18—22 日，中国共产党在北京召开第十一届中央委员会第三次全体会议。全会的主要任务是，讨论通过中央政治局关于从 1979 年 1 月起，把全党工作重点转移到社会主义现代化建设上来的建议。同时审议通过关于农业问题的两个文件和 1979 年、1980 两年国民经济计划安排。全会在邓小平的领导和其他老一辈革命家的支持下，开始全面认真纠正“文化大革命”及其以前的“左”倾错误，坚决批判了“两个凡是”的错误方针，充分肯定了必须完整、准确地掌握毛泽东思想的科学体系，高度评价了关于真理标准问题的讨论，确定了解放思想、开动脑筋、实事求是、团结一致向前看的指导方针，果断停止使用“以阶级斗争为纲”的口号，作出了把党和国家的工作重心转移到经济建设上来，实行改革开放的历史性决策。

党的十一届三中全会公报发表后，锦屏县广大干部、群众欢欣鼓舞，从城镇到乡村，沉浸在一片欢腾之中。公报传来的当天晚上，县委书记王永路连夜主持召开常委会议，传达学习公报。1979 年 1 月 12 日，县委布置并转发县委宣传部《关于学好党的十一届三中全会公报的意见》，指出："党的十一届三中全会和全会以前的中央工作会议，是在我党历史上具有重要意义的会议，对今后工作将产生深远影响。"摆在锦屏县各级党组织、广大干部群众面前的头等大事，就是学好全会公报，结合自己的工作实际，鼓足干劲，群策群力，同心同德，进一步发展安定团结的政治局面，在较短时间内，把全县人民的智慧和力量转移到社会主义现代化建设上来。

接着，按照省、州委的部署，县委先后召开县委扩大会，全县三级、四级干部会以及全县劳动模范会议，反复传达学习十一届三中全会精神。县委主要领导、分管领导在会上现身说法，亮明自己的学习心得体会，与与会者共同研讨、解决思想认识问题。1979 年 2 月 23 日，县委将县委书记王永路在全县四级干部会议上的讲话印发全县各级党组织，要求各级各部门认真组织全体共产党员、各级干部学习领会全会精神。

同时，根据党中央和省州委的指示，从 1978 年 5 月开始，中共锦屏县委把落实政策工作当作一件大事来抓。县委成立落实政策领导小组，主要领导过问，分管领导任小组组长，抽调一批得力干部到办公室办理日常业务。经过 6 年多的艰苦努力，基本把"文化大革命""四清""反右倾""反右派"四个时期的案件全面进行复查，基本做到坚决、彻底、干净，把一切冤假错案处理好，解决好；同时，对四个时期以外凡有申诉的历史老案，也基本复查处理完毕；对 1970 年以后遣送疏散人员的遗留问题也做了解决；对关于地主、富农分子摘帽问题和地、富子女成分问题也作了落实。

各项政策的落实，在广大干部、工人和人民群众中产生了极大的影响，有力地促进社会安定团结、推动各项建设事业迅速发展进步。

第二节 实行家庭联产承包责任制

1979—1982 年的 4 年间，农村人民公社基本核算单位由统一经营、统一核算、统一分配的“三统一”形式改变为以包干到户为特征、家庭联产承包为主的统分结合的双层经营形式。包产到户、包干到户，从1960年代在锦屏深山和边远农村相当一部分生产大队、生产小队自发地暗地蔓延着。“四清”和“文化大革命”期间，曾对这种所谓资本主义性质的“单干”“半单干”进行过严厉批判、纠正和禁止。粉碎“四人帮”以后，通过真理标准的大讨论，“双包”到户又在农村不少生产大队、生产队逐步发展起来。1978年11月11日《贵州日报》刊登了关岭县顶云公社定产到组的一组报道，肯定包产到组姓“社”不姓“资”。这组报道在锦屏农村引起很大反响，吹响了农村解放思想的号角。

中共十一届三中全会后，广大农村干部群众学习《中共中央关于加快农业发展若干问题的决定（草案）》，进一步解放思想，大胆探索，打破禁区，率先改革，在全县范围内掀起了联系产量、产值计算报酬的热潮，一些地方实行包产到户、包干到户责任制的消息不胫而走。

1980年7月15日，中共贵州省委正式发出《关于放宽农业政策的指示》明确指出：只要坚持生产资料公有制和按劳分配的原则，什么政策办法最适合现实生产力的发展水平，最有利于调动广大社员群众的积极性，最有利于发展农业生产，最有利于提高农民生活水平，就是好政策、好办法，就应当认真执行，允许“包干到户”。县委面对此情，采取积极而又谨慎的态度，切实有力的措施落实政策，使这场伟大的改革得以顺利、健康进行，收到了很好的效果。

首先，组织力量深入铜鼓公社罗安屯大队进行改革试点。经过传达中央领导讲话，省委、州委的指示精神，广泛听取干部、群众的意见，在提高认识、统一思想的基础上，落实新的农业生产责任制形式。

州委召开县委书记会议一结束，全县首先召开有区委书记参加的县委常委扩大会议，认真传达学习中央领导同志的讲话，学习省委、州委的有关指示，统一思想，作出贯彻的具体部署。紧接着召开有公社全体脱产干部、县直机关科局长以上干部参加的三级干部会议，认真传达、组织学习中央和省委、州委的指示，将县委在铜鼓公社罗安屯大队试点情况向大会作介绍，结合实际，发动到会全体干部总结回顾近30年来工作中正反两方面的经验教训，从而提高认识、统一思想、深深地体会放宽农业政策的必要性、深远意义。纷纷表态，以改革开放、求真务实、奋勇争先的精神把这场伟大改革搞好。

中央和省委、州委关于放宽农业政策的指示在全县传达贯彻后，广大干部、群众欢欣鼓舞，热烈拥护。偶里公社的社员说："放宽农业政策，完全符合我们地方的实际情况，说明中央了解民情。""这下抓住了解决问题的关键，抓住了根本，早就应该这样办了。"8 月 18 日，县委再次召开全县三级干部会议，检查各地工作进展情况，集中研究解决落实政策中遇到的困难和问题，提出具体工作要求。

全县各级党政齐抓共管，至 1980 年 9 月底 10 月初，放宽农业政策工作基本告一段落。据统计，第一轮承包耕地总农户 31613 户 147917 人，耕地 122335 亩。"两包"到户合计 1458 个队，占总数的 98.44%。

1981 年初，贯彻省委关于"稳定和完善农业生产责任制是中心"的指示，全县普遍推行了以包干到户为特征的家庭联产承包责任制，到年底统计，全县推行包干到户的生产队占总队数 100%。

通过改革，从 1981 年到 1991 年，在长达 10 年的家庭联产承包制施行中，从上到下，各级党委都反复指示，要做好农业生产责任制的稳定完善、巩固工作，特别要认真处理好遗留问题。

1981 年 12 月 7 日，时任县委书记王家模在县委召开的全县四级干部会议上作报告指出：今年是全面推行农业大包干生产责任制的第一年，是贯彻中央《关于积极发展农村多种经营报告》文件的第一年。强调：今冬明春，稳定完善农、林业生产责任制，要解决农业承包是"包"不是"分"，把出现的偏差纠正过来。生产队与农户签订承包合同，要在头年生产实践的基础上，进一步完善。生产计划、任务包括农、林、牧、副、渔业，还有国家征购、派购、议购，集体各种提留都要签订进承包合同中。还要抓合同兑现，使合同得到法律保护。凡违约的要严肃认真处理，直至经济制裁。

1984 年贯彻中央［1984］1 号文件，县委明确向全县干部群众宣布，土地承包期一般应在 15 年以上，各级党委要坚决贯彻执行。在正式确定耕地承包期前，群众要求调整的，本着"大稳定，小调整"的原则，耕地由集体统一调整，"农户大部分的不变动，要稳定，少数的，正常人口增减的，极不合理的，悬殊极大的，造成生活有影响的，一定要调整。不是打乱重分，是在原基础上的合理调整"。签订承包合同，群众同意，也可试行只调整负担，不调整耕地的办法。总之，要从实际出发，走好群众路线，严防个别人进行干扰。延长耕地承包期，同样要认真签订承包合同。当年，有31613户农户与生产队签订了承包合同，承包人数147974人。

1989年，深化农村第二步改革在全县农村全面铺开。县、区、乡三级党政加强领导，从县、区抽调108名干部，乡镇干部全力以赴，每乡平均3名专职成员，认真抓好改革，主要抓稳定完善家庭联产承包责任制，建立土地管理制度及对投资、投劳改善耕地，提高地力给予补偿制度，整顿集体经济服务组织。明确第二轮土地承包期，在原承包期基础上，再延长30年。后省委、州委文件规定，从1994年起，耕地承包期再延长50年不变，非耕地资源承包使用期再延长60年。

稳定农村土地承包关系，是落实党在农村政策的核心内容，也是完善农村基本经营制度的基础性工作。在第一轮土地承包将到期之前，为进一步稳定和完善农村土地承包关系，1997年8月27日，中央就明确宣布，“土地承包期再延长30年不变”。1998年8月14日，县委召开全县延长土地承包期工作会议，安排部署延长土地承包期工作任务。会议围绕延长土地承包期的重要意义和政策问题展开讨论。会议认为，做好第二轮土地延长承包期工作，稳定土地承包关系，是关系到党的农村政策的落实，是关系到切实保护和发挥好农民积极性，进一步发展农业和农村的好形势的大事。为让与会人员在第二轮土地延包具体工作中更好地把握政策，县委书记文培良在会上发表了讲话，提出在延长土地承包期工作中，要抓住核实承包地面积这个重点。

会后，按照县委的安排部署，第二轮延长土地承包期工作于8月14日在全县铺开。在做法上，大体分为5步进行：第一步，成立机构，制定方案。县成立锦屏县延长土地承包期工作领导小组，下设办公室。8月中旬，全县15个乡镇、207个村也相应成立了土地延包领导小组及办公室。同时制订延长土地承包期工作方案和具体操作方法。全县各级共组织工作队员317人，分成84个工作组驻乡镇、村，到组帮助工作，并训练业务操作人员7152人；统一印制了《承包耕地明细表》《承包土地情况总汇表》《土地承包经营权证书》。第二步，宣传发动。重点宣传土地承包期再延长30年不变、坚持土地集体所有、保持原农户承包地稳定、“三户一人”（正式农转非的农户和人口“含现役军人提干后和大中专毕业生就业后”，生前无亲属赡养的孤寡去世户以及死亡户，不按承包合同耕管致使耕地荒芜闲置的农户）土地收回集体重新发包、“增人不增地，减人不减地”等政策。全县共发放学习资料 11580 份，张贴大小标语 13600 多条，广播宣传 169 次，电视宣传 229 次，宣传群众 22 万人次，覆盖面达 100%。做到了家喻户晓。第三步，实行分片包干，逐家逐户地确定其土地属性，填写面积和四至界限，然后按第一轮土地承包数逐户审核，按照党的政策，处理好具体问题，重点是“三户一人”承包的土地，将承包的田土落实到位，并张榜公布。第四步，由村民委员会与承包户签订合同。填交《土地承包经营证书》，全县按 15 个乡镇顺序编排号数后，各乡镇又以村排列编排起止号数，然后逐户填写《土地承包经营证书》。证书填写好后，村民委员会与承包农户在证书上签字、盖章，统一交乡镇人民政府签证盖章发放。全县第二轮延长土地承包期工作，参加土地延包农户有 41896 户 187127 人，共承包耕地 128190 亩，其中田 101385 亩，土 26805 亩。收回转包面积 599.08 亩。与第一轮土地承包相比，全县农村土地承包户增加 10283 户，增长 32.53%。全县填写《承包耕地明细表》计 41896 户 41896 份（本）。全县填证率 100%，签订率达 100%。第五步，收集资料，规范归档。延长土地承包期资料档案，实行分级管理，乡镇负责村组，县土地延包办公室负责各乡镇，统一交由县档案馆保存。

全县第二轮延长土地承包期工作，从 1998 年 8 月 14 日启动到 1999 年 1 月 22 日结束，历时 158 天。《土地承包经营证书》发放到户，又使农民第二次吃下长效“定心丸”。

第三节　推行农村税费改革

推行农村税费改革，事关全县农民的切身利益，是规范农村分配制度，遏制面向农民的乱收费、乱集资、乱罚款和各种摊派，从根本上解决农民负担问题的一项重大措施。积极稳妥地搞好这项改革，用规范的分配方式控制农民负担，体现农民应尽的义务，既可以把基层干部从收粮收款中解脱出来，改善党群、干群关系，维护农村社会稳定，又有利于贯彻依法治国的基本方针，促进农村基层政府转变职能，精简机构。按照中央、省、州的总体要求，锦屏推行农村税费改革试点工作于2002年4月19日正式启动实施。

一、周密部署，统筹安排

一是组建机构。推行农村税费改革是一项十分复杂的系统工作，涉及千家万户及各方面的利益，是农村分配关系的一次重大调整，为有组织、有步骤地总体推进，切实加强对这项改革的领导。县委调整充实了锦屏县农村税费改革领导小组和办公室。县委书记刘益松任组长，县长王甲鸿任第一副组长，县政协主席杨顺炎及副县长杨大平、龙立坤任副组长，相关部门领导为成员。从有关部门抽调23名干部到领导小组办公室工作。15个乡镇也相应成立农村税费改革试点工作领导小组，由乡镇党委书记、乡镇长分别任组长和副组长，并抽调相关人员到领导小组办公室工作。县委从县直机关抽调45名负责人和干部组成15个督查组，分赴各乡镇对农村税费改革试点工作进行督查和指导，县税改革办公室也抽调15名工作人员对各乡镇进行业务检查和指导。

二是规范操作，有序推进。2002年4月19日，县委、县人民政府根据《中共中央、国务院关于进行农村税费改革试点工作的通知》《国务院关于进一步做好农村税费改革试点工作的通知》《国务院办公厅关于做好2002年扩大农村税费改革试点工作的通知》和全省农村税费改革试点工作会议精神，结合锦屏实际，出台了《关于做好农村税费改革试点工作的实施意见》。“实施意见”提出：农村税费改革试点工作的指导思想是贯彻党的十五大和十五届三中全会精神，根据社会主义市场经济发展和推进农村民主法制建设的要求，规范农村税费制度，从根本上治理对农民的各种乱收费，切实减轻农民负担，进一步巩固农村基层政权，促进农村经济健康发展和农村社会长期稳定。按照“减轻、规范、稳定”的原则，努力做到“三个确保”，即确保农民负担得到明显减轻、不反弹，确保乡镇机构和村级组织正常运转，确保农村义务教育经费正常需要。农村税费改革的基本原则是从轻确定农民负担水平，并保持长期稳定；采取简便易行的征收方式；规范税收征收管理行为；统筹安排，抓好改革试点的配套工作。“实施意见”规定：农村税费改革的主要内容是取消乡统筹费、取消农村教育集资等专门面向农民征收的行政事业性收费和政府性基金、集资；取消屠宰税；逐步取消统一规定的劳动积累工和义务工；调整农业税和农业特产税政策；改革村提留征收和使用方法。各乡镇要按照《关于做好农村税费改革试点工作的实施意见》，在深入调查研究、广泛听取基层和农民意见的基础上，制定切实可行的具体改革试点实施方案，将各项政策措施落到实处。

二、试点工作安排

为有效推行农村税费改革试点工作有序进行，全县农村税费改革试点工作分为五个阶段进行。

第一阶段，组织、发动、宣传。根据《贵州省2002年扩大农村税费改革试点实施方案》，从4月份起在全县范围内进行广泛宣传和发动。各级农村税费改革领导小组办公室组织各级农村税费改革业务培训，会同宣传部门开展各种形式的农村税费改革宣传工作。

第二阶段，制定实施方案和配套办法（6月10日前）。县及各乡镇在全面复核查实数据的基础上，坚持"公开、公正、公平"的原则，按照"减轻、规范、稳定"的指导思想，结合本地实际，精心制定实施方案。

第三阶段，上报方案审批（7月6日至9日）。县农村税费改革领导小组办公室根据中央及省的规定，对各乡镇党委、政府主要领导签字上报的实施方案进行审核，实施方案经县委常委会研究通过，党政领导签字后报州农村税费改革领导小组审核，由州统一报省进行初审。根据省初审反馈的意见，县、乡镇对实施方案进行修改完善。同时，对"三个百分之百"的工作进行查漏补缺。对实施方案修改完善后报州税改领导小组审核，再报省审批。

第四阶段，组织实施（8月底至11月）。根据贵州省农村税费改革领导小组审核批复的实施方案，县人民政府审核批复各乡镇的实施方案；按省税改领导小组的要求分别召开税改实施动员会，各村百分之百召开村民组会议宣传税改政策和听取群众意见；百分之百张榜公布农户现有计税耕地面积、计税常年产量、改革前后负担和减负情况的有关数据，征求群众意见复核调整；百分之百得到农户认可签字。农业税税收征收部门开展税法宣传教育，依法征税，要求农民依法纳税。将纳税通知书和纳税卡发放到每个农户手中，全面开征新的农业税。

第五阶段，检查、总结（11月20日前）。在实施改革的过程中，县农村税改领导小组办公室要加强对实施情况的跟踪调查，随时掌握试点情况，对执行过程中走样的及时进行纠正。农业税收任务完成后，由县农村税费改革领导小组办公室组织对乡镇改革情况进行验收和总结。11 月 20 日前将税收总结报州、省税改办。

三、组织实施

根据州农税改〔2002〕8 号预批复锦屏县农村税费改革试点工作实施方案文件精神，县委，县人民政府于 9 月 13 日召开全县农村税费改革试点工作紧急会议，对各乡镇农村税费改革试点工作实施方案进行了预批复。会后，各乡镇按预批方案进行了自下而上和自上而下的核准税费改革各项基础，再次召开村组会议，下派驻村干部开展督查调研和宣传工作。全县 207 个村百分之百地进村入户核实历史数据和百分之百地召开了村民小组会议，征求意见，百分之百地张榜公布了每户农户的现有计税耕地面积，计税常年产量，改革前后负担和减负情况。各乡镇采取了乡镇公布到村、村公布到组、组公布到户的办法进行张榜公布。全县除举家外出打工的农户外，在县内的农户绝大部分签字认可率达 97%。

2002 年 9 月 28 日，县农村税费改革领导小组以锦农税改〔2002〕04 号文向州税改革领导小组上报《锦屏县 2002 年农村税费改革试点实施方案》，请予正式批复。2002 年 10 月下旬，省州税改领导小组正式批复锦屏县 2002 年农村税费改革试点实施方案后，县委、县人民政府及县税改领导小组立即召开四大班子领导会议，对批复的税改实施方案进行认真讨论和研究，对组织实施工作又进行部署和安排。县税改领导小组对全县 15 个乡镇的税改实施方案进行了正式批复。各乡镇按批复的方案，百分之百地对农业税任务等数据进行了张榜公布，取得农户的认可。

四、取得的成效

全县通过 2002 年推行农村税费改革，调整了农村分配关系，初步确立了新的农业税费制度框架，规范了税费征收制度，在征收操作中做到“八到户”“十不准”。县设立了农业税收征收管理局，乡镇设立了农业税收征收管理分局，使农业税收征收管理工作步入法制化、规范化轨道。全县通过推行农村税费改革取得以下几个方面的成效：

一是通过税改政策规定，查实复核全县计税耕地面积为 103742 亩，比第二轮承包耕地面积减少 4998 亩，减少比例为 4.6%。在查实复核全县计税耕地面积的基础上，以 1994 年至 1998 年的统计数据为依据，由县进行面上的综合平衡，合理确定全县的常年产量为 8323 万斤，亩均产量 802.28 斤。

二是农民负担明显减轻。（1）政策内减负：改革前农民负担额为 1095.34 万元（含农业税及附加任务数，农业特产税及附加、屠宰税、村提留乡统筹和其他统筹等 1999 年上报省实收数），改革后农民负担额为 473.55 万元（含农业税及附加、农业特产税及附加），改革后减负额 621.79 万元，减负 56.77%，人均减负 37.88 元。（2）总减负：改革前农民负担额为 1350.20 万元（含政策内减负和教育集资、以资代劳等），改革后农民负担为 473.55 万元（含农业税及附加、农业特产税及附加），改革后减负额 876.65 万元，减负 64.93%，人均减负 44.86 元。

三是通过税改，县财政获得中央和省农村税费改革减收转移支付专项补助 1070 万元，省补助县基数，帮助县里解决了一些困难。推动了乡镇机构改革和政府职能转变，推动了村级组织建设，保证了乡镇政权和村级组织的正常运转。乡镇行政编制精减 12%—16%，财政负担人员精简分流，编制人员由原来的 408 人精简为 343 人，减少 65 人，减轻了财政负担。进一步完善乡镇财政体制，坚持量入为出的原则，从实际出发，合理调整支出结构，压缩招待费开支，新增农业税收入留归乡级，对财政困难的乡镇加大转移支付力度。乡镇从以农业税为主，逐步转向以工商税和其他税收为主。明确村级组织正常运转最低需求标准，原则上小村按 6000 元，中村按 8000 元，大村按 1 万元的标准执行。严格控制村级干部人数及报酬标准，各个行政村一般设村干部三四人，大部分村民小组由村干兼任。

四是通过税费改革，促进了农村教育体制的改革，从制度上完善了政府对农村教育和危房改造经费由县财政统一纳入预算管理，农村中小学教师工资由县财政按国家规定的标准及时足额发放。参照改革前农村教育费附加基数，在预算中安排农村义务教育经费。把农村小学建设列入基础设施建设的统一规划。按照“规模、效益”的原则，合理规划和调整农村义务教育布局，严格师生比例。全县共撤销教育点108个，合并村级小学27个，清退代课教师448人。

到2005年1月，按照国家政策规定，锦屏全县取消了农业税。取消农业税这一重大举措，得民心、顺民意，充分体现了党中央对广大农民的关爱、对农村繁荣的关心、对农业发展的关注，不仅有利于促进农业、农村的发展和农民的富裕，而且关系到实现国家长治久安和中华民族伟大复兴。

第四节　摆脱贫困的扶贫攻坚

党的十一届三中全会以来，锦屏经济从总体上看，有了较大发展。但是由于历史的原因和受生产条件差异等因素制约，县内15个乡镇207个村，农村经济发展极不平衡。东南部的铜鼓、敦寨、新化、钟灵、隆里等乡镇，经济发展较快；而中部及西部的平秋、彦洞、河口、固本、启蒙、平略、偶里等乡镇，经济发展相对缓慢，群众生活水平低于其他乡镇。即使在经济发展较快的乡镇中，也还有一部分贫困村、贫困户。全县的贫困人口多，贫困地区范围广。尽管县委在推行农村家庭联产承包责任制后注意了扶贫，但当时扶贫只停留在生活救济、生产救灾，或通过金融系统增加农业贷款投入和财政贴息贷款扶持，用以帮助困难农户发展生产。这部分资金极其有限，平均每年也就300多万元，加上有部分农民因担心偿还不了贷款而放弃接受资助，投入的资金就更少。这对于农业基础设施十分脆弱，贫困人口众多且分布范围广的广大农村来说，解决不了实际问题。而农、林、水、电、路等基础设施建设投入不足，加之长期的掠夺式生产，导致资源日渐枯竭，生态环境恶化，严重地制约着全县经济社会的发展，人民群众收入下降，生活陷入困境，返贫现象十分突出。据统计，1990年全县未解决温饱的农户14691户75600人，占全县农业人口175447人的43.09%。其中尤以九寨区（1992年撤区并乡建镇后的平秋镇和彦洞乡管辖范围）较为突出，该区在正常年景人均口粮只有195.5公斤，人均收入只有184元，低于省政府规定的贫困线标准，是锦屏县的一块连片贫困区。

一、扶贫思路及措施

锦屏县委认真分析了全县贫困乡村的具体情况，并在总结前阶段扶贫工作经验的基础上，提出了连片综合开发扶贫、重点突破的设想。中共九寨区委、区公所热烈响应，对该区自然资源进行综合开发，并把山区综合开发列入该区今后经济工作的重要议事日程。为激励干部群众树立改变山河旧貌、摆脱贫困的信心和决心，区委领导提出“九寨贫穷如兰考，这里更需焦裕禄”的响亮口号。

1990 年 10 月 15 日至 17 日，黔东南州委、州政府派州科学技术委员会率领调查组到九寨区进行实地调查，提出以农业为基础，以林业和烤烟为支柱进行综合开发的设想。在此基础上，与锦屏县共同形成了《锦屏县九寨区山区综合开发可行性研究报告》及农、林、烤烟、畜牧四个配套项目的专题报告。12 月 17 日，州委、州政府在凯里召开《锦屏县九寨区山区综合开发可行性研究报告》论证会。参加论证会议的有州委、州政府、州科委、州民委、州农委、州经济开发办等州级机关和锦屏县“四大班子”领导及有关单位负责人，共计 55 人。与会人员经过充分论证，一致认为，中共锦屏县委、锦屏县人民政府和九寨区委、区公所决心综合开发九寨区的思想对头，目标明确，措施有力，符合实际，具有可行性和可操作性，通过艰苦努力，可以实现在 5 年内达到温饱脱贫和改变落后面貌的目标。与会人员强调，连片贫困区的综合开发是全州扶贫工作的第一次，除锦屏县要加强领导，精心组织指挥和本区人民自力更生、艰苦奋斗以外，关键在于州、县两级的科技扶贫，尽可能给予的优惠倾斜政策和有关部门的对口配套服务。只有上下结合，各方协助，才能取得成功。

经与会有关单位协商同意，州级部门由州科委、州经济开发办牵头，州农经委、州民委、州水电局、州农牧局、州烟草局、州林业局、州农业银行、州财政局、州供销社等部门参加，组成九寨区山区综合开发协调支援小组，定期不定期对九寨区的综合开发进行指导，并兑现提出的四个支柱性项目和以后论证可行的其他项目进行对口立项。会议原则通过《锦屏县九寨区山区综合开发可行性研究报告》。

1991 年 1 月 2 日，黔东南州人民政府（通过州科委）行文，正式批准九寨区山区综合开发项目立项，列入 1991—1994 年州级星火计划项目予以实施。从此，九寨连片贫困区的综合扶贫开发工作正式展开。经过各级党组织和广大人民群众的艰苦奋斗，1991 年底，九寨区山区粮食总产量实现 5281.4 吨，比上年增加 10.1%，为县下达任务的 107.8%；造林 10744 亩，比上年增加 265%，为县下达任务的 115.3%，恢复和新建林场 23 个，比上年增加 10 个，其中万亩以上林场 4 个；烤烟种植 3077 亩，建成烤房 632 个，交售烟叶 12.77 万公斤，收入 18.34 万元；生猪存栏和出栏数分别比上年增加 7.2%、20.16%，牛存栏 20 头。全年经济总收入 558.3 万元，按当年人口 25635 人计算，人均口粮 206 公斤，增 17 公斤，人均收入 217 元，增 33 元，实现既定目标。

随后，锦屏县委县政府在扶贫攻坚上做了大量工作，人民群众的生活水平稳步提高，农村贫困现象明显减少。1998—2000 年，全县有 1.8 万人越过温饱线。按照贫困标准计算，农民人均纯收入在 865 元以下的低收入人口，尚有 8.24 万人，其中，人均纯收入在 625 元以下的贫困人口有 6.28 万人，占全县农业人口总数的 32.9%。初步解决温饱问题的群众，由于生产生活条件尚未得到根本改变，他们的温饱还不稳定，巩固温饱成果的任务仍很艰巨。基本解决温饱的贫困人口，其温饱的标准还很低，在这个基础上实现小康，进而过上比较富裕的生活，需要一个较长期的过程。至于从根本上改变贫困地区社会经济的落后状况，缩小地区差距，更是一项长期的历史性任务。

2001 年，锦屏县委、县人民政府即根据中共中央、国务院公布实施的《中国农村扶贫开发纲要（2001—2010 年）》和中共贵州省委、省人民政府于同年 7 月 20 日发布的《关于切实做好新阶段扶贫开发工作的决定》精神，结合本县实际，制定《锦屏县扶贫规划（2001—2010 年）》。该规划提出的指导思想及基本原则是：坚持开发式扶贫的方针，以贫困村为主战场，以贫困人口为扶持对象，把种植、养殖业作为扶贫重点，大力调整农业产业结构，积极推进农业产业化经营，加强基本农田建设，进一步改善基础设施条件，努力提高贫困人口的科技、文化素质，依靠科技进步，加强生态建设，推进全县社会、经济全面持续发展。其基本原则，一是坚持社会效益、生态效益和经济效益相结合的原则；二是坚持对贫困地区进行集中连片治理，梯度推进与重点突破相结合的原则；三是坚持巩固温饱，实现稳定脱贫相结合的原则；四是坚持以自力更生为主，国家帮扶为先导，社会各方面支持为补充的原则。

规划到2010年，贫困农村的生态环境、基础设施、社会经济、文化和生产生活条件得到全面改善，贫困人口的人均占有粮食达到365公斤以上，人均纯收入达到1100元以上，在全县范围内消灭贫困乡镇、贫困村、贫困户，使现有的特困户（人均纯收入625元以下）稳定脱贫，全部越过温饱线，贫困户（人均纯收入625—865元）全部脱贫，走向富裕。规划实施时间10年，重点为前5年，前5年为项目建设期，后5年为巩固期。主要的基础设施建设项目、农业生产发展项目、农村产业结构调整、带动农村产业发展的二三产业项目、改善农村生产生活条件的公益事业项目，在前5年实施，并分年度做好实施工作。基础设施建设项目和社会公益事业项目，要安排在农闲时实施，尽量不与农业生产项目实施时间相冲突。公路、水利建设项目应在两年内完成，以利于其他项目的实施。农副产品加工、贮运等项目应在三四年内实施。既能保证原料的供应，又能带动产业发展。能改善生态环境，使农业生产资源再生，有持续发展潜力的项目先实施。

值得特别提出的是，在这一轮的规划中，“易地搬迁扶贫”是新阶段扶贫工作的重要内容，也是实施西部大开发战略的重要举措，对消除绝对贫困，改善生态环境，促进贫困地区人口、资源与环境之间协调发展，具有十分重要的意义。在列入国家新阶段扶贫开发工作重点县之前，锦屏县的扶贫工作由于未能得到国家的应有扶持，扶贫进程艰难而缓慢，尽管如此，县委、县人民政府仍然想方设法用微薄的财力努力增加投入，取得了一定的成绩，部分群众在政府的帮助下和引导下，走出了贫困。但是，由于国家投入严重不足，农村基础设施普遍落后，生存环境未能有效改善，脱贫人口根基不牢，因灾返贫现象十分严重。到2000年底，全县农村尚未解决温饱的贫困人口有6.28万人，其中，有近三分之一的特困人口无劳动力无收入来源，靠民政救济度日。

在2000年成功实施居住在山洞、窝棚特困农户搬迁工程，解决了26户55人住房条件和生产条件的基础上，县委、县人民政府组织制定《锦屏县以工代赈易地扶贫搬迁安置项目十年规划（2001—2010)》，用以指导全县的易地扶贫搬迁工作。十年规划提出了锦屏县2001—2010年组织实施易地扶贫搬迁开发建设的指导思想、基本原则、目标、任务和保障措施，是锦屏县农村扶贫开发规划的重要组成部分。

易地扶贫搬迁，坚持将扶贫搬迁和生态建设结合起来，坚持政府引导、群众自愿、社会参与、政策协调、讲求实效的方针，有组织，有计划，分阶段，有重点地把不具备生产生活条件地区的贫困农户迁移出来，促进贫困地区人口、资源、环境和经济逐步实现协调发展。其基本原则，一是坚持扶贫搬迁与生态建设相结合的原则。易地扶贫要与水土流失治理、天然林资源保护、退耕还林还草等工程结合起来，达到既减少贫困人口，又能改善和保护生态环境的目标。二是坚持开发式扶贫搬迁的原则。易地扶贫搬迁安置要紧密结合农村产业结构调整，帮助搬迁户提高科技文化水平，掌握先进农业实用技术，以市场为导向，积极发展商品生产，鼓励移民依托城镇，从事二、三产业，稳定脱贫致富。三是坚持群众自愿参与和自力更生、艰苦奋斗的原则。做好群众思想动员工作，充分尊重移民意愿，不搞强迫命令。在工程实施过程中，以解决生产资料、基础设施等生产环境条件为重点，兼顾生活条件的改善；鼓励和倡导贫困群众发扬艰苦奋斗，自力更生的优良传统，积极主动地参与移民工程和新家园的建设。四是坚持统筹安排，政策保障的原则。要将移民搬迁与迁入地的经济社会发展，迁出地的扶贫开发和生态环境建设有机结合起来，立足于科学规划、合理布局、先易后难、配套建设、长期受益、稳定发展；统筹协调和解决土地、税费、户籍、计生、教育、卫生和民族等方面的问题，切实搞好政策配套，做好搬迁前后的各项工作，保障移民安置工作的顺利进行。五是坚持因地制宜、讲求实效的原则。锦屏县的移民搬迁全部为县内安置，要根据迁出地、迁入地的资源和环境条件，灵活选择搬迁形式，合理确定建设规模和建设内容，防止出现“贫困迁移”情况，确保安置群众“搬得出、稳得住、能发展”。

按照统一规划、稳步推进的移民搬迁原则，急需实施移民搬迁的重点区域是县境西部和西北部低中山深切割区的极贫村寨。这些地方耕地少，自然灾害频繁，基础设施建设难度大，生存条件恶劣，生态环境恶化与人口贫困互为因果，一方水土养不活一方人，丧失了就地解决温饱的条件。从地理位置、海拔高差、人均耕地、陡坡耕地比例、垦殖系数、人口密度、粮食单产、人均纯收入、自然灾害发生频率、基础设施状况等多种因素综合调查分析，全县亟需搬迁的特困人口共有1.4万多人，涉及9个乡镇42个贫困村。根据锦屏县扶贫规划和以工代赈十年建设规划的要求，规划2001—2010年完成易地扶贫搬迁安置极贫人口

12936人。使搬迁人口能搬得出，稳得住，富起来，迁出地未搬迁农户的生产生活条件和生态环境得到较大改善，迁入地经济、社会发展得到促进和加强。规划采取开垦宜农荒地形式搬迁移民1400人，依托小城镇搬迁移民1800人，调整耕地搬迁移民2546人，依托旅游业搬迁移民2920人，山上搬山下安置移民2270人，采取置换形式直接将移民转为城镇人口搬迁2000人。此外，就地调整耕地等生产资料和生活资料，解决未搬迁极贫农户6100人。

移民搬迁项目建设主要是安置地建设，资金投放也以安置地为主。包括三个方面：即生产设施建设（以耕地为主）费用，基础设施建设（水、电、路、灌溉、教育、卫生、文化、广播电视等）费用，房屋及附属设施建设费用。按照国家对异地扶贫搬迁项目控制标准和补助标准，全县10年共计搬迁12936人，需投入经费7592.6万元，其中，申请国家专项补助6204.7万元，申请省财政配套资金248万元，县级部门配套329.1万元，农户自筹562.8万元，其他248万元。

2001—2009年，省、州发展改革委员会共下达锦屏县6期以工代赈异地扶贫搬迁项目，计划投资2495.47万元，其中，国家专项资金1783万元，省财政配套44.8万元，县级部门自筹410.17万元，农户自筹192.5万元，其他61万元。计划搬迁总规模为955户4446人，其中，跨乡集中安置4个点，安置309户1498人，乡内近距离安置536户2458人，置换安置50户250人，其他60户240人。项目实施后，在县委、县人民政府的领导下，通过主管单位和有关部门的共同努力，至2010年，第一至第五期项目搬迁全面完成。

完成的一至五期工程，共计完成投资1853.47万元，其中国家专项资金1313万元，省财政配套资金29.5万元，县级部门配套资金246.47万元，农户自筹264.5万元。实际安置758户3508人。其中，第一期（2001年项目）工程完成投资230.03万元，安置92户397人。即新华乡新化所村集中安置60户238人；平秋镇和彦洞乡近距离分散安置分别为13户66人、15户77人；新化乡分散安置4户16人。第二期（2002年项目）工程完成投资465.68万元，为计划数的85.5%，安置230户1072人。即铜鼓镇岔路村集中安置80户352人；钟灵乡近距离分散安置90户420人；茅坪镇近距离分散安置10户50人；县城置换式安置50户250人。第三期（2003年项目）工程完成投资522万元，为计划数96.47%，安置198户1000人。即敦寨镇梨子坪集中安置100户504人；铜鼓镇蔡家坪集中安置 70 户 362 人；彦洞乡黄门村近距离分散安置 14 户 66 人；钟灵乡八佰溪口近距离分散安置 14 户 68 人。第四期（2006 年项目）工程完成投资 433.76 万元，采取山上搬山下，近距离集中安置方式共搬迁 178 户 799 人。即偶里乡皎洞村完成 42 户 193 人，平秋镇更豆村完成 42 户 195 人，启蒙镇丁达村完成 37 户 160 人，河口乡培尾村完成 20 户 86 人，启蒙镇便晃村完成 31 户 140 人，启蒙镇华洞村完成 6 户 25 人。第五期（2007 年项目）工程完成投资 202 万元，安置 60 户 240 人。即铜鼓镇水冲村近距离分散安置 30 户 120 人，茅坪镇新建村近距离分散安置 30 户 120 人。

实施易地扶贫搬迁项目，政府为每个搬迁农户提供适量的住房，水、电、闭路电视、公路、街道等基础设施进村入户。集中安置点的搬迁户，每人提供半亩田、一亩土，耕地面积均比原居住地有所增加，加上安置地气候优越，田土肥沃，不少搬迁户第一年耕种即喜获丰收，人均增产粮食 100 多公斤，当年就解决了吃饭问题。在安置地先进的生产方式和开放的商品意识影响下，不少迁入户除了种植粮食外，还发展经济作物，或利用自己强壮的劳动力，租赁其他农户的田地耕种，有的发展牛羊养殖，申请扶贫贷款办生猪养殖场，或利用畜力发展个体运输，有的购买或承包果园发展果品生产。随着增收的渠道不断拓宽，相当一部分搬迁农户走出了贫困。

搬迁农户搬出后，减轻了迁出地生存环境压力。按照易地扶贫搬迁政策，集中安置的搬迁户，迁出原居住地后，必须将其承包的耕地无偿留让给迁出地村民委员会重新分配，25 度以上的坡耕地用于退耕还林，25 度以下的实行再分配，增加了迁出地居民人口的人均耕地面积，改善了生态环境。至于那些近距离分散安置的农户采取山上搬山下的方式搬迁，虽然没有改变其耕地承包关系，但改善了其生活环境和经济发展条件，他们可以利用农闲时间，发展交通运输、经商、务工等，增加收入。

实施易地扶贫项目效益十分明显，受益农户脱贫步伐加快，深受贫困地区农民的拥护，要求搬迁的贫困群众络绎不绝，被群众称为“党恩工程”“德政工程”，其政治意义深远，扶贫效果明显。

二、扶贫取得明显效果

在《锦屏县扶贫规划（2001—2010年）》的指导下，锦屏县通过深入贯彻落实国家扶贫政策，以扶贫项目为轴心，以资金为动力，着眼于贫困地区的基础设施建设、粮食增收、经济创收及智力开发等方面做文章，启动实施了农村交通、文化教育、卫生、计划生育、人饮消防、基本农田水利、种植养殖产业发展、科技培训等项目建设，解决及改善了生产生活条件，拓宽了经济增收的基本渠道，夯实了新农村建设基础，使贫困地区的经济社会面貌发生了根本性改变，强有力地推动了县域经济社会各项事业又快又好发展，具体如下。

（一）扶贫对象逐年减少，农民收入显著提高

2000年末，全县农民人均纯收入1256元，其中，人均纯收入865元以下的低收入人口8.24万人，在这些低收入人口中，人均纯收入625元以下的贫困人口有6.28万人，占全县农业人口总数的32.9%。通过10年持之以恒的扶贫攻坚，到2010年末，全县农民人均纯收入达到2972元，比2000年的1256元增加了1716元，增长136.6%，年均增长13.6%。2010年，国务院提高扶贫标准，以农民人均纯收入1076元以下为贫困人口，按照这个标准计算，全县贫困人口还有4.65万人，贫困人口比2000年减少1.63万人。

（二）贫困地区的基础设施得到加强，生产生活条件有了显著改善

国家实施西部大开发以来，加大了对扶贫开发重点县的投入，锦屏县列入新阶段扶贫开发重点县后，在人饮消防、水电路、农田水利等基础设施建设方面有了长足发展，贫困村生产生活条件大大改善。到2010年底，新修55个村的通村公路，建设规模229.35公里；新建村民委综合服务室120处13400平方米；实施小学教学楼建设及危房改造16幢6910平方米；实施人畜饮水及消防工程48处，解决29930人及牲畜饮水以及消防用水困难；实施串户路硬化项目71个，投入财政扶贫资金256.17万元，硬化串户路总长173.15公里，硬化面积259.73万平方米，改善了56个自然寨12996农户5.45万人的居住环境。到2010年，全县实现了通油路14个乡镇。村通公路、通电、通电话、通广播电视率，分别由2000年的61.8%、97.6%、56%、30.96%，提高到2010年的98%、100%、100%、100%。

（三）贫困地区社会事业持续健康发展

教育基础设施得到加强，中小学办学条件有了极大改善，“两基”、迎“国检”工作扎实推进，全县适龄儿童入学率达99.63%以上，卫生事业快速发展，县乡医院得到改造和重新建设，新修村级卫生室44处，建筑面积5160平方米，全县实现乡有卫生院、村有卫生室比例由2000年的88.8%提高到2010年的96.1%，贫困山区缺医少药的状况有了明显改善。人口自然增长率得到有效遏制，人口的出生率、自然增长率由2000年的16.22‰、9.54‰下降到2008年的11.45‰、5.96‰，计划生育率由2000年的93.12%上升到2010年的96.64%。

（四）贫困地区的生态环境得到可持续发展

2000年开始实施国家天然林保护工程后，全面禁伐天然林，限制人工林采伐量，大力开展植树造林、退耕还林、封山育林，狠抓植被保护，生态环境明显改善。全县有林地面积由2000年的117.16万亩增加到2010年的172.48万亩，森林覆盖率由51.72%上升到72.01%。实现人与自然和谐发展。

扶贫攻坚，成绩有目共睹，任务仍然十分艰巨。按照国家新的扶贫标准，到2010年全县尚有人均纯收入1076元以下的贫困人口4.65万人，绝对贫困人口1.64万人。尚有44个重点贫困村（其中二类贫困村37个，三类贫困村7个）没有实施整村推进，占重点贫困村总数的35%。全县尚有3个村未通公路，有6.6万人没有解决饮水困难，全县的人均国内生产总值，农民人均纯收入都在全州、全省的平均水平之下，与先进地区的差距越来越大。

第五节　推进社会主义新农村建设

建设社会主义新农村，是贯彻落实科学发展观的重大举措，是确保现代化建设顺利推进的必然要求，是全面建设小康社会的重点任务，是保持国民经济平稳较快发展的持久动力，是构建和谐社会的重要基础。根据《中共中央国务院关于推进社会主义新农村建设的若干意见》和省、州实施意见精神，结合实际，锦屏县委、县人民政府于2006年8月9日印发《关于推进社会主义新农村建设的实施意见》。决定从2006年起每年在全县新农村建设中创建5个示范村，到2010年，力争创建新农村建设示范村达12%以上。

一、新农村建设目标

（一）生产发展

农村生产力水平不断提高，农业产业结构进一步优化，二、三产业加快发展，农村基础设施比较完备，农业综合生产能力增强。每村有1—2个支柱产业，每户有一条致富门路，80%以上的劳动力掌握1—2项农村生产适用技术。

（二）生活富裕

农村人均占有粮食350公斤以上，人均居住面积达到20平方米以上，户户有存款；80%以上农户有电视，实现通公路、通自来水、通电、通电话、通广播电视；医疗卫生有保障，农民人均纯收入年均增长5%以上。

（三）乡风文明

农民的思想、文化、道德水平不断提高，树立崇尚文明、崇尚科学的新风尚。适龄儿童少年入学率稳定在98%以上，新增劳动力平均受教育9年，青壮年文盲半文盲比重不超过5%。有村级办公楼，有文体娱乐场所。基本无违法生育行为，农户群众思想观念进一步转变，无刑事案件发生或逐年减少，无吸毒贩毒制毒案件，社会治安良好。形成农民群众安居乐业、物质文化生活丰富多彩，邻里和睦的良好局面。

（四）村容整洁

村寨布局合理，环境整洁卫生，生活方便舒适。村内街道实现硬化，生活污水和生活垃圾得到妥善处理，生活卫生安全用水达到90%以上；沼气等清洁能源使用率达70%以上；主要街道和活动场所实现亮化；“四旁”和房前屋后全部绿化，村寨绿化覆盖率达25%以上；预防和处理火灾事故的能力全面提高。

（五）管理民主

管理水平有新提高，村级组织领导有力，勤政廉洁，作风民主，致富有策。村务公开、村干部述职等民主管理进一步完善，村民对村务公开的满意度达到85%以上。村民自治积极推进，农民群众享有充分的知情权、参与权、管理权和监督权。广大群众建设社会主义新农村的积极性得到充分发挥。

二、主要措施

为实现上述目标和任务，县委提出以下主要措施。

（一）以“三抓”“三改”“三提高”为重点，扎实推进新农村建设

三抓：一抓好基本农田建设。按照山、水、田、林、路综合治理的要求，抓好以改善农业生产条件、推广农业适用技术为主的基础设施建设。二抓好优势产业建设。按照“一片、一线、一区”的产业调整布局，抓好优势产业发展，在东部片区建立优质粮油、药材、瓜果、蔬菜基地；在中部一线建立以小香桔为主的生产基地，同时，以龙池万亩果场为中心，扩大椪柑种植面积，进一步打造好“锦屏香橘”和“杉乡椪柑”等农产品品牌；在西部山区建成肉牛基地和水产品基地，进一步扩大山核桃、竹笋、中药材、山茶油、野桂花蜜等特色产业的发展规模，大力发展农产品精加工和深加工，加强农产品专业市场体系建设，搞活农产品流通，全面提升农业综合生产能力和市场竞争力，积极鼓励和引导农民发展各类专业合作经济组织，全面提高农业和农民的组织化程度，稳定增加农民收入。同时，把以“吃在农家、住在农家、乐在农家”为主的旅游服务业作为农村三产发展的主攻方向，以浓郁的乡土气息，深厚的文化底蕴，吸引城镇人口到农村消费，拉动农村经济发展。三抓好公共设施建设。切实抓好村综合办公楼、村卫生室、计划生育服务室、文化体育活动场所等公共设施建设；同时，根据教育部门规划布局建好村小学，改造学校危房，改善办学条件，完善教学功能。

三改：一是改善乡村道路。建设和改造建制村通村公路，实现村寨道路硬化，建立和完善乡村道路的护养长效机制。二是改善人畜饮水。建设好人饮消防工程，改善农村人畜饮水困难，保证农村人畜饮水安全，解决农村消防安全问题。三是改善人居环境。改造危房、修缮老房，建设安全、整洁、美观、实用、各具民族特色的农村新居，大力发展和推行新型沼气建设，使用清洁能源，启动改厨、改厕、改圈，实行人畜分离居住；全面整治卫生环境，合理处置生活垃圾及生活污水；采取有偿服务等有效措施长期坚持家庭及街道卫生清扫制度，着力治理“五乱”（柴草乱垛、粪土乱堆、垃圾乱倒、污水乱泼、禽畜乱放），美化、净化村容村貌。

三提高：一是提高农民素质。切实抓好基础教育和成人教育工作，积极开展

农业实用技术、务工就业、非农技能、政策法规等各种类型的农民培训，开展扫除青壮年文盲活动，提高农民受教育程度，使现有劳动力达到“一人一技能”，培养造就有文化、懂技术、善经营、会管理的社会主义新型农民。二是提高民主水平。加强农村党的组织建设，充分发挥农村基层党组织在新农村建设中的战斗堡垒作用；规范村“两委”工作运行程序，全面推行村干部述职述廉制度，完善村民会议、村民代表会议等民主决策制度；推行计划生育村民自治，健全育龄妇女自管小组，维护育龄妇女合法权益；完善“一事一议”制度，设置公开栏，实行党务、村务公开。三是提高乡风文明程度。建立和完善村规民约，开展文明家庭、文明院落、文明村寨创建活动及“星级文明户”的评选活动，引导群众破除封建迷信思想，移风易俗，大力倡导丧事简办、婚事新办，提倡科学健康的生活方式和文明向上的道德风尚；加强农村社会治安综合治理，抓好民间纠纷调解，实现一般民间纠纷不出村，努力营造农村安全和谐、农民安居乐业的社会环境。

（二）加大资金投入，确保新农村建设见成效

积极向上争取项目资金，按照“统一规划、统筹安排、渠道不乱、用途不变、互相配套、各负其责、各记其功、形成合力”的原则进行整合，安排落实到具体项目上。县委、县政府每年安排 100 万元以上财政资金重点扶持社会主义新农村示范村建设。各乡镇、村要充分发挥农民在新农村建设中的主体作用，积极投工投劳，自力更生建设新家园。努力拓宽筹资渠道，向社会各界筹募资金，社会捐助资金列入规划中统一安排。

（三）加大宣传力度，营造新农村建设氛围

各级各部门广泛宣传社会主义新农村建设的意义，具体任务和工作措施，特别要加大对广大农民群众的宣传力度，增强他们新农村建设的主体意识，调动和激发他们投身新农村建设的积极性和创造性。围绕新农村建设，开设专栏，制作专题节目；及时搜集整理有关新闻资料、图片，注重总结交流经验，及时报道新农村建设的新成效、好经验、好典型，引导社会各界关心、支持和参与社会主义新农村建设，为社会主义新农村建设营造良好的社会环境和舆论氛围。

为加强对社会主义新农村建设的领导，县委、县政府于 2006 年 6 月 5 日成立了以县委书记陈英华为组长，县委副书记伍治平、县委常委宋华、县政府副县长罗国炳为副组长的领导小组，下设办公室，明确了工作职责。各乡镇相应地

建立健全工作机构，实行“一把手”负责制，明确专人负责，细化目标，落实责任，搞好协作配合。当年，敦寨镇雷屯村被确定为省级新农村建设示范村，随后铜鼓镇乐安村、茅坪镇阳溪村、隆里乡隆里村和华寨村、河口乡文斗村相继确定为州级和县级示范村。为扎实有效推进全县社会主义新农村建设，县委常委会议研究决定，建立县级领导包乡镇、部门包村工作责任制。2006 年 7 月 17 日，县委办、县政府办下文，将县级领导联系新农村建设示范村明确如下：县委书记陈英华联系敦寨镇雷屯村；县委副书记、县长王甲鸿联系平略镇平略村；县人大主任王经勇、副县长龙立坤联系铜鼓镇乐安村；县政协主席杨顺炎、副县长罗国炳联系三江镇潘寨村；县委副书记伍治平、县委常委宋华联系茅坪镇阳溪村。当年，全县共有新农村示范村 34 个，其中雷屯等 6 个村为重点示范村，其余 28 个村为一般示范村。各示范村分别明确领导干部与之联系。

三、新农村建设的主要内容

2007 年 5 月 16 日，县委、县人民政府为贯彻落实省委、州委农村工作会议精神，在认真分析总结几个重点示范村建设的基础上，决定全面推进社会主义新农村建设，下发《关于推进社会主义新农村建设的实施方案》。提出了政府引导，群众主体，谁积极，支持谁；量力而行，注重实效；因地制宜，分类指导；突出重点，循序渐进的指导原则。更加详细地规定了新农村建设的内容，归纳起来有如下几个方面。

（一）推进现代农业建设，强化新农村建设的产业支撑

基本思路是：打牢基础，发展产业，强化科技，培育“龙头”，分区施策。

1. 打牢基础

一是以扶贫开发为重点，改善贫困村水、电、路、教育、文化等基本设施条件；二是以“三小”水利和农业综合开发土地治理项目为重点，加强基本农田建设，完善农业排灌系统，建设稳定高产农田；三是大力发展职业教育，提高农村劳动力的文化、科技素质和经营管理能力。

2. 发展产业

每个村必须有一至二个主导产业，主导产业收入占总收入的 50% 以上。一是稳定粮食种植面积，确保粮食安全；二是巩固和壮大优质粮油、蔬菜瓜果、

“杉乡”椪柑、松杉木材、家畜养殖等传统优势产业，尤其要提高畜牧水产业在农业中的比重，提高经果林在林业中的比重；三是大力发展特色产业，重点建立四个基地，即：“三江三湖”水产养殖基地，楠竹、小香桔、山核桃、油茶经果林基地，中药材基地，反季节蔬菜生产基地；四是以农家乐、观光农业和民族文化旅游村寨为重点，积极培育乡村旅游产业，使之成为农村新兴的支柱产业。

3. 强化科技

一是普及优良品种，良种使用率达 90% 以上；二是推广和普及先进农业适用技术；三是大胆创新经验，总结生产经验，改变传统的农业耕作方式。

4. 培育龙头

一是对现有的“龙头企业”进行扶持，进一步发挥其产业化经营的作用；二是培育新的带动力强的“龙头企业”，每个优势产业要有 2 个以上“龙头企业”；三是积极发展农民专业合作社，引导农民依托现代通信和互联网技术获取信息，改变传统的农村集市交易方式，成为捕捉信息快捷、交易方法多样化的市场新人。

5. 分区施策

西部山区利用山地、林区和青山界草场资源优势，重点发展商品牛羊，加强劳动力转移培训，拓宽增收渠道，提高土地利用率；中部河谷山区重点发展特色产业，建立水产养殖基地、小香桔基地，提高土地综合生产能力；东部丘陵坝区以发展订单农业、生态农业、高效农业为主，建立优质粮油、蔬菜瓜果基地，扩大优势产业规模，优化产业结构，提高农业机械化程度和产业化经营水平。

（二）促进农民持续增收，夯实新农村建设的经济基础

通过加强劳动技能培训，使每个劳动者都掌握一至二门实用技术，增强致富本领。建立一批科技示范基地，每年推出一批星火带头人和科技示范户，引导广大农民加快由体力型向技术型、专业型、知识型转变。挖掘农业内部潜力，主要从增加单位面积产量和提高品质上，充分挖掘内部增产增收潜力，走集约化经营的路子，提高土地生产力。积极发展多种经营，在农产品加工、储藏、营销和农机、水利、运输、技术、信息服务等方面，加快发展农业二、三产业，延长产业链，使农民在流通、加工和服务中增值，进一步促进农民增收。加快农村劳动力转移输出步伐，建立和完善县、乡、村劳务输出管理体系，维护劳务输出人员的

合法权益，支持外出务工人员带资金、带技术返乡创业。

（三）加强农村基础设施建设，改善新农村建设的物质条件

以“五通”（通自来水、通进村公路、通照明电、通程控电话、通广播电视）、“三改”（改厨、改圈、改厕）、“两硬化”（硬化村寨道路和排水沟）为重点，改善农民生产生活条件。以“三清三治”（清除杂棚、清理垃圾、清除路障，治脏、治乱、治差）为重点，改善村容寨貌和卫生环境。以四旁（村旁、宅旁、路旁、水旁）绿化和保护村寨古树名木为重点，加强生态环境建设，改善人居环境。

（四）加快发展农村社会事业，夯实新农村建设的社会基础

一是完善农村卫生服务网络，提高医疗服务水平。二是逐步完善农村新型社会救助体系，建立农村最低生活保障制度。三是加快发展农村文化、教育事业。四是要做好农村人口和计划生育工作，提高人口素质。五是深化平安村创建工作，加强社会治安综合治理和流动人口管理，不断提高人民群众安全感指数。

（五）全面深化农村改革，完善新农村建设的保障体制

一是稳定完善农村家庭承包责任制，稳妥规范地推进农村土地经营权流转。二是推进集体林权制度改革。三是推行撤村并村改革，增强村级服务功能，加强基层政权组织建设。

（六）加强基层组织和精神文明建设，完善新农村建设的治理机制

为保证全县新农村建设顺利进行，县成立社会主义新农村建设领导小组，下设宣传发动组、生产发展组、建设规划组和检查考核组。同时成立新农村建设办公室，负责综合协调、日常事务安排和资料建档工作。各乡镇、村也相应成立领导小组，一把手为责任人，形成一级抓一级、层层抓落实的有效机制。县四大班子领导分别联系一个乡镇，帮扶一个村，指导新农村建设各项工作。县直机关各部门、企事业单位按县委确定的帮扶村，积极协助帮扶村开展新农村建设各项工作。新农村建设领导小组成员单位，结合本单位实际制定部门建设新农村的实施方案。乡镇党委、政府及村“两委”要加强对新农村建设工作的领导，主要领导是新农村建设工作的第一责任人，形成主要领导亲自抓，分管领导具体抓，各项工作有人抓的格局。

四、新农村建设的典型成效

（一）雷屯村

雷屯村于2006年4月23日被列入全省社会主义新农村建设试点村的行列（《贵州省社会主义新农村建设“百村试点”实施方案》）。根据贵州省委要求，实施“百村试点”，坚持以邓小平理论和“三个代表”重要思想为指导，按照“生产发展、生活宽裕、乡风文明、村容整洁、管理民主”的要求，全面落实科学发展观，坚持统筹城乡发展方略，坚持工业反哺农业、城市支持农村和“多予、少取、放活”的方针，以发展农业农村经济为中心，以增加农民收入为核心，以产业发展为支撑，以改善农民的生产生活条件和公共服务为突破口，以管理民主为保障，从农民最关心、受益最直接、要求最急迫的问题入手，努力实现农业生产有新发展、农民生活有新改善、农村面貌有新变化、农村文明有新进步。试点村建设实行一次规划、分步实施、循序渐进。通过5年左右努力，原有小康村、温饱村、贫困村分别达到社会主义新农村建设试点村阶段性考核标准，务求出成果，出经验、能推广。主要任务：重点围绕“三建”（建基本农田、建优势产业、建公共设施）、“三改”（改建乡村道路、改善人畜饮水、改善人居环境）、“五提高”（提高农民收入、提高农民素质、提高社会保障能力、提高民主管理水平、提高乡风文明程度）的内容进行建设，全面完成各项任务。

按照贵州省委的安排部署，2006年7月，雷屯村在县新农村建设领导小组建设规划组的协助下，完成了《锦屏县敦寨镇雷屯村新农村建设发展规划》。该发展规划在认真分析了雷屯村的自然资源条件、社会经济状况、基础设施现状以及人居环境、社会事业发展状况的基础上，根据新农村建设“生产发展、生活宽裕、乡风文明、村容整洁、管理民主”的目标要求，村两委在广泛征求群众意见的基础上，召开专题会议讨论，明确了发展方向，决定把雷屯村建设成为“生产发展”型的社会主义新农村，并已初步探索出“一路四经”的建设模式。一路：即进一步拓宽农村剩余劳动力外出务工走向致富路。雷屯村有135人在外务工，其中常年外出107人，季节性外出28人，全村年外出务工收入65万元。为了进一步加强对外出务工人员的管理，雷屯村建立外出人员联系点，将外出务工人员的打工地点、工种、工资报酬、联系电话全部记录在案，为外出务工人员提供方便，拓宽了农村剩余劳动力的就业之路。四经：即发展壮大蔬菜、水果、杂稻制种、养殖业生产规模，使之成为拉动地方经济发展的主导产业，并逐步走向科学化种植，产业化经营、基地化生产、订单化销售的路子。一是发展以破季蔬菜为龙头的蔬菜产业。2005年全村共种植蔬菜440亩，户均种植3.7亩，实现亩均收入2300元，户均收入5800元。规划继续扩大蔬菜种植规模，引进优良的蔬菜种子，大力推广科学适用技术，增强大棚蔬菜生产能力，适量施用沼气肥料，生产无公害蔬菜，同时加强与外地客户的沟通，打开市场销路。二是做大做强水果产业。全村现有果树面积265亩，户均1.5亩，种植大户达30亩，户均收入1400元。每年种植西瓜112亩。并从优化品种结构、提高果品品质入手，对老化的果树进行更新，培植新果树，提高果品经济效益。西瓜主要从种植早熟品种入手，大力推广西瓜优良品种。三是稳定杂稻制品面积。2005年前，雷屯村的杂稻制种面积一直稳定在120亩以上，到2005年，杂稻制种面积突破158亩，覆盖全村一半以上农户，户均培植1.8亩，实现户均收入1400元。下一步将继续稳定制种面积，尽可能提高杂交水稻制种的单位面积产量，增加农民收入。四是扩大养殖规模。2005年，全村饲养生猪460头，户均出栏2.5头，养殖大户规模达20头。养禽0.9万只，养牛116头，养马20匹。下一步计划大力发展以养猪为主的家庭养殖业，使户均养猪达到5头，为沼气建设提供原料保障。同时为雷屯村的“五改”工作和整脏治乱打下坚实的基础。

经过五年的试点，雷屯村冲出了有限的土地资源和地表资源这个经济社会发展的瓶颈，初步呈现出经济不断发展壮大、社会不断繁荣稳定的良好局面，具体表现如下。

1. 农民人均纯收入逐年跃上新台阶

2005年，全村农民人均纯收入为3026元，到2009年，人均纯收入达到5480元，是2005年的1.8倍，年净增613.5元，年增长速度为20.27%。与全县平均水平比，人均纯收入高出2976元，是全县农村平均增长速度的2倍。

2. 农村生产生活条件进一步改善

“雨天一身泥，晴天一身灰，进出靠肩挑，吃水过手摇（压）”，这是对试点前雷屯村村民生活的部分写照。这几年，雷屯村先后完成了896米进村公路镶边硬化；完成沼气池建设148户；完成自来水工程建设，户户用上了安全清洁的饮用水；建成了传输20套电视节目的有线电视网络和农村党员干部现代远程教育接收站及村图书室，建立了4个远程教育课件播放点。2008年完成了30万元的农田整治项目，新修排灌渠5条共计1091米，新修机耕道653米，2009年农发土地治理项目再次为该村修筑机耕道2379米，灌排水渠7116米。村前街道和村内主要巷道照明设施建设投入使用，主干道和连户步道全部硬化，集排、灌、消防为一体的进村水渠纳入2010年的建设内容。这些基础设施建设，极大地改善了农民生产生活条件，村民自豪地说，“一池三改”煮饭不用柴，人饮工程吃水不用抬，改善基础设施走路不脏鞋，产业发展生活好起来。

3. 村容村貌焕然一新

有人用“茅房子，歪脖子，水路子，旮旯全是柴垛子”来形容村里的脏乱差。的确，以前的村子里茅草房、烂房遍布村前寨内，歪歪斜斜的危房随处可见，从猪牛圈里溢出来的粪水任其浸渍在路上，草堆柴垛乱堆乱放。试点后，走进雷屯村首先映入眼帘的是气势磅礴的刻有雷屯二字的新建村大门门牌，进村公路两旁的绿化树及花草排列有序；实施的“一池”带“三改”“三改”带“房改”、“房改”带“寨改”工程，使180农户建起了“三改房”，拆除旧棚、烂棚120间，有80户通过“三改”进行了“房改”，40户新修了砖瓦房，使原有砖瓦房仅6户变成了86户；实施的插绿种花工程让农户房前屋后增绿添彩；先后完成的亮江河江心百亩沙洲步道绿化、沿消费品市场两岸绿化、过河“百步跳”等建设工程，美了环境，绿了家乡；从道旁的“雷屯是我家，卫生靠大家”等卫生警示牌，到添置在主要巷道的垃圾桶，再到新修在村外的垃圾焚烧炉，建起了完整的垃圾处理系统，不仅净化了环境，同时净化人们的心灵。

4. 建文明村、创文明户、做文明人成为新时尚

“建文明村寨，创文明家庭，当文明村民”是雷屯村在新农村建设中提出来的新目标。试点后，共创建“遵纪守法户”50户、“五好家庭户”8户、“星级文明户”20户，掌握两门以上农村适用技术的村民220人，技术骨干75人，科技致富能手55人。全村每户都掌握了一条以上致富增收的门路，全村广大干部、群众的综合素质和工作能力得到明显提高，适龄儿童入学率、计划生育率均达到100%，参加合作医疗率96%，治安案件和刑事案件为零。

5. 村民成为政务村务的新主人

开展新农村建设示范试点，村两委非常注重村民参与政务和村务，制定和完善了“三会一课”、村民议事、村务公开和民主管理等一系列规章制度，如《村务公开制度》《村财务管理制度》《村治安管理制度》《村文明公约》和村规民约等，不断增强雷屯村党组织的创造力、凝聚力和战斗力，充分发挥雷屯村党组织在新农村建设中的战斗堡垒作用，进一步加大民兵组织、妇女组织、共青团组织等模范带头作用，整合各种资源，建立了在雷屯村党组织领导下的充满活力的村民自治机制，规范村“两委”工作运行程序，完善村民会议、村民代表会议等民主决策制度。特别是在财务管理上，坚持财务公开，每一项建设工程都是集体讨论、公开招标、上栏公布，接受村民监督，做到大门敞开、账务公开，让群众明白、干部清白，村干部赢得了广大群众的信任，提高了自身的民主管理水平，村民积极广泛参与政务村务的同时，真正成为村里的新主人。村民面对前途有信心，对村领导办事放心，干事顺心，过日子舒心。

（二）“十好村”创建及成效

除了雷屯村的建设外，锦屏县在这一时期，还以创建“十好村”为载体，推进全县新农村建设。2007 年 8 月 9 日，锦屏县委作出了《关于认真开展“十好村”创建活动的意见》（锦党发［2007］25 号）的决定，将中央“二十字”建设目标分解为“十好村”创建，并以“五好”村党支部建设为重点，狠抓村级班子建设，努力实现“一好”带“九好”，力争到 2008 年全县 30% 以上的村实现“十好村”创建目标，2009 年达到 60% 以上，2010 年各村基本达到“十好村”创建目标。这一活动启动以来，按照“科学定位、明确目标，突出重点、有序推进，整合力量、探索发展机制，分类指导、实现新突破”的工作思路有序开展，其主要做法如下。

1. 职能部门领创

“十好村”创建活动分别由县职能部门牵头领创，分项抓实，深入开展，实现整体推进。具体是：县委组织部负责“班子建设好”的创建工作，县农业办公室负责“经济发展好”的创建工作，县纪律检查委员会负责“民主管理好”的创建工作，县委宣传部负责“文化教育好”的创建工作，县委政法委负责“社会治安好”的创建工作，县人口和计划生育局负责“计划生育好”的创建工作，县整脏治乱办公室负责“生活环境好”的创建工作，县文明办公室负责“乡风文明好”的创建工作，县科技局负责“科技普及好”的创建工作。各职能部门制定创建工作规划和实施方案，经常深入乡村指导和督促检查创建工作，及时向县“十好村”创建领导小组办公室反馈工作开展情况，共同抓好创建工作。

2. 示范典型带创

积极办好县、乡两级示范点，充分发挥示范典型带动作用，以点带面推动“十好村”创建活动深入开展。县里着重抓好敦寨镇雷屯村、隆里乡隆里村、铜鼓镇乐安村、河口乡文斗村、茅坪镇阳溪村、隆里乡华寨村 6 个县级示范点。各乡镇扎实抓好党委书记、乡镇长的示范点。示范点的示范带动成效作为考核乡镇党委书记、乡镇长年度工作的重要依据之一。

3. 县直包村单位帮创

实行县直部门包村创建制，各包村单位以实现“十好村”创建目标为核心内容，认真制订包村工作规划和措施，明确责任领导和具体责任人。经常深入所包村指导检查创建工作，积极采取帮规划、帮项目、帮资金、帮技术、帮信息等措施，每年为所包村做 1—3 件实事，确保所包村创建工作取得实效。

4. 限定时间促创

实行限时完成创建项目工作制，各乡镇、县直部门单位结合县、乡、村实际，制定好近期、中期和长期创建工作规划和年度工作计划。创建工作实行“台账”式管理、“销账”式推进，限时倒计时完成，年终全面完成年度工作计划，预期内完成阶段性和全面创建工作任务。

5. 乡、村两级主创

创建工作以乡镇、村为主，各乡镇在认真制定好“十好村”创建工作规划的基础上，制定好年度创建工作计划，村党支部书记作为村级创建工作第一责任人，驻村干部及村“两委”成员均分别明确创建工作任务。主要采取“五带”（机关带农村、强村带弱村、大村带小村、党员带群众、富裕带贫困）措施来推动“十好村”建设，力争每年有 30% 以上的村实现创建目标。

通过三年多时间开展“十好村”创建活动，锦屏县在农村经济发展、社会主义新农村建设、基层组织建设等方面取得了明显成效。

（三）新农村建设取得的成效

1. 基层组织建设取得新突破

随着撤村并村改革工作的开展，将原来210个村（居委会、社区）撤并为目前的147个村（居委会、社区），进一步整顿了软弱涣散的村级班子，达到整合村级资源的目的。新一届村级班子成员的年龄、文化结构和专业技能进一步得到优化；村务公开和民主议事制度得到进一步完善，民主管理程序更加规范，群众参与村级事务管理的积极性有较大程度提高，健全了村党支部领导的充满活力的村民自治机制；"三向培养"工作成效明显，提高了党组织在农村的吸引力和影响力。有一批基层党组织分别被县、州、省命名为"五好"基层党组织。

2. 培育主导产业取得新突破

以"十好村"创建活动为载体，大力调整农村产业结构，发展特色农业，着力培植符合当地实际、具有市场竞争能力的主导产业，细化新农村建设的产业支撑，鼓励农民自办、引导能人领办、强化服务促办等多种方式，发展各类农村经济合作组织，加强小生产与大市场的联系，不断发展壮大主导产业。全县逐步形成了东部以粮油瓜果为主导，中部以小香桔、中药材为重点，西部以草地畜牧业、渔业养殖为主的产业格局。农业产业出现了三个新变化：一是向基地化、规模化和标准化方向发展，二是向"一村一品""一乡一业"方向发展，三是向"订单农业"、产业化经营方向发展。

3. 壮大集体经济取得新突破

积极探索发展集体经济的有效途径，合理开展利用荒山、荒坡等资源，发展壮大村集体经济；采取租赁承包等形式搞活集体资产，通过经营机制的转变扩大集体收入来源；大力发展规模产业，主动为农民提供产前、产中、产后服务，依靠有偿的服务增加村集体经济收入，部分村找到了发展集体经济的路子，有了各自固定的集体收入来源。如新化乡集体经济多的新化所村年收入达4万元以上，少的新化寨村年收入也在6000元以上。

4. 农民人均增收取得新突破

以开展"一户一技能"活动为契机，积极开展科普宣传，加大科技培训，推广科技成果，充分挖掘农业内部增收潜力，引导农民根据市场需求发展种植业、养殖业、加工业，依靠科技不断提升农畜产品的产量和质量，拓展农民增收空间；大力发展二、三产业，加大农村剩余劳动力转移力度，扩大劳务输出规模，拓宽农民增收渠道；充分发挥“西瓜协会”“蔬菜协会”“香桔协会”等经纪人队伍作用，提高农民组织化程度，使农民在产业化经营中获取更多的收益。敦寨镇雷屯村有农户160户，建成蔬菜基地440亩，其中早熟蔬菜220亩，户均种植3.7亩，实现亩均收入2300多元，全村蔬菜年创收入100万元以上。2009年农民人均纯收入5480元，家家存款超万元，八成农户盖了新房，装上了电话，全村道路进行了水泥硬化。

5. 村容寨貌治理取得新突破

一是农村人居环境得到美化。全县15个乡镇先后组织各村农民群众开展“整脏治乱”和爱国爱寨卫生运动，清除房前屋后垃圾，疏通阴沟，消除蚊蝇孳生地，整修了村寨道路，美化、绿化了居住环境，村寨脏、乱、差现象明显改观。二是庭院环境逐步好转。随着沼气富民生态工程的深入推广与实施，带动了全县农村广大群众改厕、改圈、改厨、改水和改院的全面开展，庭院环境空气更加清新，庭院整洁度明显提升，改善了农民的生活环境，提高了农民的生活质量。三是乡风文明长足发展，全县农村深入开展“十星级文明户”“五好家庭”和“讲文明、树新风”“文明生态富裕村”等形式多样的创建活动，推进了精神文明建设，群众文明素质全面提高，农村社会风气变好了。

6. 社会治安综合治理成效显著

一是健全以村党支部为核心的村级组织，选好配强“两会一队”。全县建有治保会154个840人，调解委员会154个630人，专职治安联防队3支17人，义务消防队290个2900人，4个社区警务室，社区民警6人。二是加大农村普法力度，提高农民法律素质，开展法律“六进”活动，着力培训农民法律意识。三是抓好防范监管，成就平安环境。通过开展公共娱乐场所、特种行业、禁毒、消防、安全生产、道路交通安全及打击盗窃“三电”设施、“两抢一盗”、传销、邪教等专项整治行动，全力维护农村社会治安稳定，切实提高了安全系数。

7. 文化教育工作迈上新台阶

（1）文化宣传方面。积极组建“三下乡”服务团，每年深入全县农村开展送文化、科技、卫生、法律等下乡活动；组织农民文化队伍开展山歌、庙会等各种节日文化活动；协助行政村建农家书屋，收藏各类图书、科技培训光盘等，方便农民借阅、观看。（2）教育教学方面。全县小学适龄儿童入学率稳定在99%以上，初中阶段毛入学率达106%以上，适龄残疾儿童入学率达83%以上，小学辍学率控制在0.18%以内，初中辍学率控制在2.28%以内，15周岁初等教育完成率达99%以上，17周岁初级中等教育完成率达91%以上，15周岁人口中文盲率为0，青壮年文盲率控制在1%以内，“两基”人口覆盖率达100%。（3）民族民间文化挖掘保护方面。成立了九寨侗族文化艺术学校，挖掘和保护民族民间文化，使九寨北侗风情、文斗苗寨民族风情等原生态民族文化得到弘扬、传承与发展。同时，加大了对契约文书（锦屏文书）的征集与抢救力度，全县147个村（居委、社区）保存各类契约文书不下10万份。

8. 社会保障事业取得新成果

（1）农村低保方面。低保标准由原来的700元提高到800元，各个档次的补助标准也相应提高。在全县因灾返贫人口调查中，家庭年人均纯收入在800元以下的从2008年7月1日后列入新增农村低保对象。（2）农村五保户供养方面。全县农村符合五保供养条件的对象基本纳入供养范围，全县还建立了1所社会福利院、4所乡镇敬老院，对无劳动能力、无生活来源又无法定赡养、抚养、扶养义务人的老年人、残疾人或者未满16周岁孤儿进行集中供养。

9. 民主自治管理取得新突破

2006年圭叶村首创“五合章”民主理财制度，备受省内外新闻界以及学术界广泛关注，县委、县政府十分重视人民群众的首创精神，提出了在全县按照“五合章”民主理财的理念扩大基层民主，着力健全基层党组织领导的充满活力的基层群众自治机制。2008年村级民主理财工作在铜鼓、茅坪、新化等3个乡镇全面铺开，其他12个乡镇分别选3个村进行试点。各地按照自身实际，进一步丰富和发展了“五合章”民主理财制度，从原先单一的民主理财，向村级公共事业性管理转化。如茅坪镇阳溪村“林权制度改革”集体民主管理制度、隆里乡华寨村“合约式”群众自主管理制度等等，有力地推进村级各种民主管理制度的创新。

10. 计划生育工作取得新成绩

一是狠抓示范点工作，通过茅坪镇阳溪村、敦寨镇雷屯村、铜鼓镇乐安村等“计划生育好”示范村的建设，带动全县农村计划生育工作全面开展。二是落实计划生育政策，扶助奖励计划生育家庭，落实县级养老金和特殊家庭救助，通过开展计划生育“少生快富”扶贫项目，进行计划生育“三结合”帮扶。

第六节　建立社会主义保障体系

社会保障是社会安定的重要保证。党的十七大报告中指出：要以社会保险、社会救助、社会福利为基础，以基本养老、基本医疗、最低生活保障制度为重点，以慈善事业、商业保险为补充，加快完善社会保障体系。促进企业、机关、事业单位基本养老保险制度改革，探索建立农村养老保险制度。全面推进城镇职工基本医疗保险、城镇居民基本医疗保险、新型农村合作医疗制度建设。

一、建立最低生活保障制度

最低生活保障制度，包含城镇居民最低生活保障制度和农村居民最低生活保障制度两大部分。城镇居民最低生活保障制度的建立和实施早于农村居民。1997年9月，国务院作出关于在全国建立城市居民最低生活保障制度的决定，要求1999年底以前全国所有城镇要建立这项制度。1999年1月，民政部根据中央决定制定下发《关于加快建立与完善城市居民最低生产保障制度的通知》，要求1999年10月底以前基本完成建制任务。在此基础上，国务院颁布了《城市居民最低生活保障条例》，并于1999年10月1日起施行。以“条例”的颁布为标志，最低生活保障作为一项法律制度，已正式确立。随后，省、州、县各级政府下文正式实施。

2007年，锦屏县委、县政府根据民政部、财政部、国务院扶贫办《关于逐步建立农村特殊困难群众最低生活保障制度的意见》和《贵州省人民政府关于全面建立实施农村居民最低生活保障制度的意见》精神，为保障农村困难群众的基本生活权益，制定实施农村居民最低生活保障制度。至此，囊括全县城镇居民和农村居民的最低生活保障制度全面确立。

（一）建立实施城镇居民最低生活保障制度

1998年3月，县委、县政府根据上级文件精神，制定下发《关于建立城市居民最低生活保障制度的通知》，指出“建立城市居民最低生活保障制度，是党和政府帮助城市贫困居民解决生活困难问题的重大举措，是改革传统社会救助制度、建立和完善社会保障体系的重要措施，是深化经济体制改革的重要配套工程”，“它的建立和实施，有助于缩小贫富差距、促进经济体制改革、推动社进步”。

锦屏县城市居民最低生活保障标准，依据上级规定“最低生活保障标准由各地根据当地物价水平、居民实际生活水平，按照保障居民实际生活需要的原则，并结合财政承受能力具体确定”而制定。1998 年，县民政部门在三江镇 4 个社区对贫困居民的生活状况进行了实地调查，调查结果是：人均收入 100 元及以下的 114 户 329 人，其中人均收入在 40 元及以下的 1 户 1 人，41—60 元的 46 户 94 人，61—70 元 的 19 户 61 人，71—80 元 的 12 户 51 人，81—100 元 的 36 户 122 人。贫困家庭月人均收入为 69.74 元，人均消费支出 78.70 元，用于食品支出仅 61.24 元。经采取居民生活收入、生活消费测算办法，确定锦屏县当年城镇居民最低生活保障标准为月人均 80 元。当年，全县确定享受低保居民人数 157 户 409 人，总计发放保障金 26117 元。

2001 年，为了解决企业下岗和失业人员的基本生活问题，县委、县政府根据省、州有关文件精神，将城镇下岗职工、合同制企业和集体企业的失业人员及其他失业人员纳入城镇最低生活保障。涉及的有国有林场、县木材公司、县造纸厂，商业、供销、轻工系统等企业人员。经县民政部门对符合参保对象重新进行调查统计，全县城镇低保户应保对象 1258 户 4152 人，其中下岗职工失业人员 816 户 3034 人，并确定当年城镇居民享受最低生活保障 712 户 2033 人，全年计发保障金 38.6 万元。

2003 年 10 月，锦屏县委、县政府在总结前几年推行城镇居民最低生活保障制度以来取得的经验和出现的新情况，制定实施《锦屏县城镇居民最低生活保障暂行办法》，办法规定城镇居民最低生活保障线，以 2002 年锦屏县城镇居民最低生活保障标准，确定为月人均 104 元。此后，每年年底由县民政局会同财政、统计、物价等部门，根据全县经济社会发展和基本生活必需品价格变化情况，测算出下一年度城镇居民最低生活保障标准，经县政府批准后向社会公布实施。

（二）在农村居民中推行最低生活保障制度

2007年6月，县政府办公室根据县委、县政府研究室意见，印发《锦屏县农村居民最低生活保障制度实施方案》和《锦屏县农村居民最低生活保障制度实施细则》，从当年7月1日起正式施行。“实施方案”要求，2007年在全县范围内全面建立实施农村最低生活保障制度，到“十一五”期末，在全县基本形成标准合理化、管理制度化、操作规范化的农村最低生活保障工作格局，健全保障农村困难群众基本生活长效机制，实现应保尽保。

“实施方案”规定，凡在县行政区域内，持有当地常住农业户口，共同生活的家庭成员年人均纯收入和实际生活水平低于锦屏县农村居民最低生活保障标准（全州为年人均收入低于700元）的农村特困居民，均可纳入农村低保范围。其保障对象主要包括以下八种：（1）符合农村五保条件的对象；（2）痴呆（傻）、精神病患者、艾滋病患者、麻风病患者的特困户；（3）无劳动能力且无抚养人、赡养人，又未享受农村五保待遇的特困户；（4）重病大病特困户；（5）重残特困户；（6）因灾或意外事故致贫特困户；（7）重点优抚对象特困户和1960年代精减退职困难人员；（8）常年生活条件恶劣的其他符合条件的特困户。

保障标准，根据锦屏县农村居民维持基本生活所必需的吃、穿、住、用等项费用，确定最低生活保障标准为年人均纯收入700元，对年人均纯收入低于700元的农村贫困居民实施低保救助。以后，根据当地经济发展状况、物价指数的变化以及县财政承受能力等因素的变化适时进行调整。农村各类低保对象享受的补助金额按申请人家庭年人均纯收入与保障标准的差额分五档确定：一档，无劳动能力，无生活来源，无法定赡养、抚养、扶养义务人的老年人、残疾人或者未成年人，原则上每人每年补助500元（125元/人·季）；二档，家庭年人均纯收入400元以下，主要劳动力因病、因残丧失劳动能力造成家庭基本生活常年困难的特困家庭，原则上每人每年补助400元（100元/人·季）；三档，家庭年人均纯收入401—500元，因其他原因造成家庭基本生活常年困难的家庭，原则上每人每年补助300元（75元/人·季）；四档，家庭年人均纯收入501—600元，基本生活常年困难的家庭，原则上每人每年补助200元（50元/人·季）；五档，家庭年人均纯收入601—700元，基本生活困难的家庭，原则上每人每年补助100元（25元/人·季）。对享受最低生活保障待遇的“三无”人员、重残人员、患重大疾病人员、在校学生、独生子女家庭及符合计划生育政策的二女户家庭、单亲家庭等特殊困难对象，可按其享受的家庭人均补助金额的10%—40%，或一定的资金额度增加补助金额。

（三）建立基本养老保险制度

对企业职工和劳动者实行基本养老保险制度，让劳动者能维持最低生活，步入老年后有所依靠，共享改革开放的成果，是巩固和发展社会安定团结大好局面的需要，是建立社会主义和谐社会的重要措施。

锦屏县企业职工的养老保险制度是1950年代初期建立的，以后在1958年和1978年两次作了修改。1991年，根据上级规定，改革养老保险完全由国家和企业包下来的办法，实行国家、企业、个人三方共同负担，职工个人也要缴纳一定费用。这次企业职工养老保险制度改革，仅限于全民所有制企业，城镇集体所有制企业参照执行。对城镇私营企业职工和个体劳动者，暂时还没有实行养老保险制度。到1998年，根据国务院和省人民政府决定，建立统一的企业职工基本养老保险制度，并将企业职工基本养老保险制度扩大到城镇所有企业职工以及城镇个体劳动者。同时，在鼓励和支持企业在足额缴纳基本养老费的前提下，建立企业补充养老保险制度。2004年以后，国有企业、城镇集体企业、外商投资企业、城镇私营企业和其他城镇企业及其职工、城镇个体工商户及其雇工，各种灵活就业人员，实行企业化管理的事业单位及其职工，机关事业单位的合同制工人，按照省、州规定，均已纳入了基本养老保险范围。同时，初步建立失业保险基金制度，工伤保险也逐步推行。

2010年以后，基本养老保险制度进一步扩大至农村居民，城镇非农业人口的居民养老保险亦同步实施。

（四）建立新型城镇农村社会养老保险制度

根据党的十七届三中全会要求，国务院从2009年下半年开始，进行新型农村社会养老保险的试点。这是一项重大的惠农政策，更是整个国家朝着促进社会公平正义、破除城乡二元结构、逐步实现基本公共服务均等化的一个重大步骤。

2011年10月，根据《国务院关于开展城镇居民社会养老保险试点的指导意见》和省、州人民政府有关文件精神，制定实施《锦屏县城镇居民社会养老保险实施方案》和《锦屏县新型农村社会养老保险试点实施方案》文件。两个方案在省政府文件基础上增加了以下内容：一是农村独生子女夫妇、两女结育夫妇参保缴费，县政府按照个人缴费最低标准（共分 100—800 元 8 个档次）的 50% 为其缴纳。二是对现任行政村（社区）已参保的村两委成员实行养老保险补贴，经年终考核合格后，按支书、主任每年 100 元 / 人，文书、计生专干每年 80 元 / 人，副支书、副主任每年 50 元 / 人，委员每年 30 元 / 人的标准进行补贴，补贴资金全部记入受益人个人账户。三是对于选择较高缴费标准档次的城乡居民，县政府增加 5—15 元的个人账户补贴，对于缴费年限达到 15 年的城乡居民，县政府相应增加基础养老金，缴费年限 15 年以上 20 年（含 20 年）以下的参保人员，每增加一年加发 1 元基础养老金，缴费年限超过 20 年的参保人员，每增加一年加发 2 元基础养老金。

截至 2011 年底，全县城乡居民社会养老保险参保人数达 77804 人，其中新型农村社会养老保险参保人数 75898 人，60 周岁及以上参保率达 100%；城镇居民社会养老保险参保人数 1906 人，60 周岁及以上参保率达 96.8%。全年城乡居民社会养老保险个人缴费 690.02 万元，其中新型农村社会养老保险个人缴费 636.14 万元，城镇居民社养老保险个人缴费 53.88 万元。2011 年 7—12 月，中央补助满 60 周岁及以上参保人员基础养老金 699.17 万元（新型农村社会养老保险 672.6 万元，城镇居民社会养老保险 26.57 万元）。由于城乡居民社会养老保险属州级统筹，因而省、州政府对个人缴费补助没有下拨到县级。县政府对 2011 年个人缴费及特殊人员缴费补助 76.7 万元，其中新型农村社会养老保险个人缴费补助 74.8 万元，城镇居民社会养老保险个人缴费补助 1.9 万元。

（五）建立失业保险制度

失业保险制度是社会保障体系的重要组成部分，是国家通过立法强制实行的一种社会保险制度。失业保险制度是以 1993 年 5 月 1 日施行的《国有企业职工待业保险规定》为雏形，国务院于 1999 年 1 月发布了《失业保险条例》，2000 年 6 月省政府又发布了《贵州省失业保险办法》，标志着失业保险制度的正式确立。锦屏县的失业保险制度自 1999 年起正式实施，具体的实施方案就是以《贵州省失业保险办法》规定的内容开展工作，基本内容包括失业保险的参保范围，工作机构、基金构成、征缴办法、调剂金的使用、支出范围和条件、支付的期限和标准、基金管理、停发的条件规定以及法律责任等。失业参保人员逐年增长，从最初的几十人扩大到2010年的1500多人，基金年收入也由几万元增至100万元。支出主要用于失业人员的失业金和职业培训等费用。

二、建立基本医疗保险制度

建立城乡职工居民基本医疗保险制度，保障职工居民基本医疗，是建立社会主义市场经济体制的客观要求和重要保障，是完善社会保障体系，解决群众看病难、看病贵的问题的重要措施，是改善人民群众生活、构建和谐社会的重要内容。对于这样的一项惠及千家万户的德政工程、民心工程，县委、县人民政府高度重视，2005年1月，根据《国务院关于建立城镇职工基本医疗保险制度的决定》和省、州有关文件精神，出台实施《锦屏县城镇职工基本医疗保险制度实施暂行办法》。2006年10月，为全面贯彻落实中共中央、国务院《关于进一步加强农村卫生工作的决定》和中共贵州省委、贵州省人民政府《关于进一步加强农村卫生工作的意见》《贵州省新型农村合作医疗管理试行办法》等文件精神，制定《中共锦屏县委、锦屏县人民政府关于实施新型农村合作医疗试点工作的意见》和《锦屏县新型农村合作医疗试点工作实施方案》，从2007年1月1日起，在全县农村推行新型农村合作医疗制度。2009年8月，启动实施城镇居民基本医疗保险制度，让那些不属于城镇职工基本医疗保险制度覆盖范围的中小学阶段学生、少年儿童和其他非从业城镇居民以及暂无缴费能力尚未参加城镇职工基本医疗保险的国有、集体困难企业职工和退休人员，也能享受到基本医疗保险制度带来的好处。至此，覆盖全县城镇和农村全体居民的医疗保障系基本建立，并在以后的实施中逐步加以补充完善，医疗保障水平不断提高。具体可举“新型农村合作医疗制度”和“在城镇居民中实施基本医疗保险”的数据加以说明。

锦屏县新型农村合作医疗试点自2007年1月启动实施后，得到了广大农民群众的支持和拥护，至2010年试点取得较好的成绩。一是新型农村合作医疗制度在全县范围内实现了全覆盖，农民参加合作医疗的积极性逐年提高。2007年全县参加合作医疗的农民16.24万人，占全县农民总人数的83.97%，2010年参合农民人数增加至17.82万人，参合率90.88%。二是参合农民受益程度逐年提高受益面逐年扩大。表现在：其一，参合农民住院平均补偿率逐年提高，从2007年的46.09%提高到2010年的48.34%。其二，各年度农民受益人次和补偿金额逐年增长，2007 年补偿 25815 人次，补偿金额 656.47 万元；2008 年补偿 29311 人次，补偿金额 978.64 万元；2009 年补偿 40118 人次，补偿金额 1493.39 万元。三是基金监督管理逐步规范。形成了以“基金收支两条线、专款专用、封闭运行”为主要内容，财政、审计、社会监督相结合的基金监管制度。规范基金会计核算和拨付程序，全面推行费用报销县乡村三级公示、举报制度、将新农合基金运行情况纳入年度审计等办法。四是促进了基层医疗卫生机构事业发展。各级政府以开展新农合为契机，重点支持以乡镇卫生院为主体的乡村二级卫生体系建设。新农合基金间接为农村医疗卫生机构建立了长期、稳定的投入机制。通过调控新农合补助政策，引导农民就近就医，有效地激活和拉动了农村医疗卫生服务需求，形成了农村合作医疗和农村卫生服务体系建设相互促进的良好局面。

实施新型农村合作医疗制度，有效地缓解了农民看病难、看病贵和因病致贫、因病返贫问题。但在实施过程中也暴露出了一些问题，主要表现在：一是缺乏长效低成本的筹资机制。农民居住分散，群体大，每年都需要工作人员挨家挨户筹资，成本过高，工作难度大，效率低。二是保障水平低。尽管新农合筹资标准大幅度提升，补偿水平逐年增长，但与农民的期望值仍有差距。部分特困农民虽然由政府出资参加了合作医疗，但仍无钱支付合作医疗补偿以外的自付医疗费用。三是政策宣传不到位。许多农民并不真正了解新型农村合作医疗制度的重要意义，仅从自己短期得失的角度考虑，由于自己身体好，生病住院的概率低，没有必要花那个冤枉钱。四是新型农村合作医疗的登记、理赔程序过于繁琐，增加了农民许多不必要的麻烦，降低了农民的满意度。

城镇居民基本医疗保险工作自 2009 年 8 月正式启动后，当年全县参保人数即达 9892 人，占城镇应参保居民总人数的 57.51%，共缴纳城镇居民基本医疗保险基金 35 万元，其中城镇居民基本医疗保险个人部分缴纳 22 万元，大病医疗保险费 3 万元，县级财政匹配资金 22 万元，大病医疗保险费 3 万元，县级财政匹配资金 10 万元。当年参保人员住院人数 226 人次，支付住院医疗费 30 万元，住院费报销平均比例 45%。2010 年，全县城镇居民参保人数 12105 人，比上年增加 2213 人，增长 22.37%，占城镇应参保居民总人数的 70.38%，其中正常缴费居民 9972 人，享受低保城镇居民 1986 人，残疾居民 143 人，低收入家庭 60 岁以上居民 1 人，“三无”人员 3 人。共缴纳城镇居民基本医疗保险基金 886.6 万元，其中城镇居民基本医疗保险个人部分缴纳 152.5 万元，单位缴纳 734.4 万元。城镇职工基本医疗保险统筹基金收入 563.6 万元，其中划入个人账户 219 万元，实际基本医疗保险统筹基金收入 344.6 万元。全年参保人员住院 1226 人次，统筹基金支付住院医疗费用 374.3 万元，人均支付住院医疗费 3957 元。住院费报销平均比例 72.2%。

三、建立社会救助制度

完整的社会保障体系，既要考虑基本群众的切身利益问题，同时更应惠及一些特殊的弱势群体。在已建立的最低生活保障制度、基本养老保险制度、基本医疗保险制度中，弱势人群虽然也享受到了新制度带来的好处，但由于他们经济能力过于脆弱，面临的困难比常人都大，更需要党和政府给予特殊照顾。为了解除这部分群众的后顾之忧，县委、县人民政府从 2003 年开始，陆续出台实施农村特困群众社会救助、农村医疗困难救助、城市医疗救助、城乡困难群众临时救助等制度以及优抚对象医疗保障实施办法，建立起全方位、多层次的社会救助体系，造福人民群众。

（一）农村特困群众救助

2003 年，县委、县人民政府根据中央和省、州关于保障城乡特困群众基本生活的一系列指示精神，制定《锦屏县建立和完善农村特困群众社会救助制度实施方案》，对农村特困群众实施救助。救助的基本原则，一是“坚持政府救济、社会互助、子女赡养、稳定土地政策”及公平、公正、公开和属地管理。二是实施分步救助。救助分临时救助和定期定量救助两类，定期救助对象主要是农村五保户、长期因病或因残丧失主要劳动力，常年难以维持基本生活的农村特困户人员，临时救助对象是因灾或其他原因造成基本生活困难的农村特困人员和享受了五保供养、优抚及其他特殊政策救济待遇，基本生活仍有困难的农村人员。救济标准，五保户每人每年不低于 625 元，定期救济对象每人每年不低于 200 元，临时救济对象每人每年不低于 60 元。2003 年 6 月，县民政局将全县救助对象划分成 A、B、C 三类。A 类人员即无法定赡养人、无生活来源、无劳动能力的“三无”人员；B 类即因病或者因丧失家庭主要劳动力造成常年生活特困群众；C 类人员即因灾和其他原因造成生活困难的特困群众。经调查，当年全县共有 A 类特困群众 753 户 1089 人，B 类特困群众 1040 户 3766 人，C 类特困群众 1821 户 7585 人。三类人员合计共 3614 户 12440 人。

2005 年，全县有特困户 2603 户 5149 人，按每人每年 200 元标准实施定期救助，全年共发放农村特困救助费 103 万元。2006 年，全县享受农村特困户救助 2603 户 5149 人，每人每年救助 200 元，另有五保户 331 户 378 人，每人每年救助 625 元，全年共发放农村特困户救助和五保户供养保障金 126.6 万元。2007 年，农村居民最低生活保障制度全面启动，将农村特困群众纳入低保制度覆盖范围，全年共发放农村低保金 353.7 万元。

（二）农村医疗困难救助

2004 年，为解决农村居民大病个人无能力负担的困难，县委、县人民政府制定《锦屏县农村医疗救助实施方案》和救助办法。救助办法规定，除在农村医疗保险中核销部分外，对医疗费用负担过大，本人仍无能力承担的，按 1% 给予救助。当年共接受此项救助的 17 人，发放救助金 1.338 万元。2005 年，实施医疗救助 204 人次，发放医疗救助金 16 万元。2006 年，对符合农村大病医疗救助人员 116 人给予救助，共发放医疗救助金 15 万元。2007 年，在农村医疗困难救助中，县民政局为农村特困户、五保户对象 11522 人交纳 2007—2008 年度的农村合作医疗参合金 11.522 万元。对 143 人实施农村大病医疗救助，共发放医疗救助金 25.4 万元。2008—2009 年，农村大病医疗补助 966 人，发放补助金 201.39 万元，同时为特困群众和优抚对象 6250 人缴纳农村合作医疗参合金 12.5 万元。

（三）城市医疗救助

为切实保障城市特困群众的基本医疗需求，进一步完善锦屏县社会救助体系，根据国务院办公厅转发民政部等部门《关于建立城市医疗救助制度试点工作意见的通知》和省有关文件精神，县委、县人民政府 2008 年 6 月 4 日制定《锦屏县城市医疗救助暂行方案》，从印发之日起执行。凡户籍在锦屏县辖区的城镇居民，且符合下列条件的，可以申请医疗救助：（1）城市居民最低生活保障对象中未参加城镇职工基本医疗保险人员。（2）城市居民最低生活保障对象中已参加城镇职工基本医疗保险但个人负担仍然较重的人员。（3）城市居民其他困难群众因患重大疾病，且家庭生活确属困难，也可申请大病医疗救助。为配合有关法律法规的贯彻实施,《实施方案》规定,有下列情况之一发生的医疗费用,不属于救助范围:(1)因打架斗殴、吸毒、酗酒等违反国家相关法律法规造成伤害的。(2)因受他人伤害或因医疗、交通等造成的医疗费用,其医疗费用可以按法律法规追偿的。(3)因自我伤害的;(4)申请人以及申请人的赡养、抚养义务人有支付医疗费用能力的。(5)国家行政机关、企事业单位干部职工因病等住院的。

城市医疗救助采取门诊救助和住院救助两种方式。(1)门诊救助。救助对象为享受城市低保中的“三无”人员,即无生活来源,无劳动能力和无法定赡养人、抚养人、扶养人或虽有法定赡养人、抚养人、扶养人,但无赡养、扶养或抚养能力的城市居民。救助标准为在定点医院就诊的,给予当年发生医疗费用个人实际负担部分80%的救助,个人全年累计救助金额不超过300元。(2)住院救助。包括一般疾病医疗救助和重大疾病医疗救助,其救助对象为凡符合享受城市低保标准的人员及经民政部门认定的城市居民中的其他特殊困难群众。救助病种范围,一是定点医院规定的常见病、慢性病等一般疾病;二是重大疾病。救助标准分为一般疾病医疗救助和重大疾病医疗救助两部分。一般疾病救助期间到定点医疗就诊,当年个人负担的医疗费用超过800元的(“三无”人员为300无),可申请一般医疗救助,对已参加基本医疗保险人员,按基本医疗保险政策补助后,符合报销规定的剩余部分给予20%救助,个人全年累计救助金额不超过2000元;对未参加基本医疗保险的人员,给予当年发生医疗费用个人实际负担部分30%的救助,个人全年累计救助金额不超过3000元;城市低保中的“三无”人员给予当年发生医疗费用个人实际负担部分80%的救助,全年累计救助金额不超过4000元。重大疾病医疗救助标准:城市低保人员在享受政府救助期间在定点医院确诊患有本方案规定的重大疾病,当年个人负担的医疗费用超过1000元的(“三无”人员为500元),可申请重大疾病医疗救助。对已参加基本医疗保险人员,按基本医疗政策补助后,符合报销规定的剩余部分给予20%的救助,个人全年累计救助金额不超过3000元;对未参加基本医疗保险人员,给予当年发生医疗费用个人实际负担部分50%的救助,个人全年累计救助金额不超过4000元;城市低保中的“三无”人员给予当年发生医疗费用个人实际负担部分80%的救助,全年累计救助金额不超过5000元。城市居民其他困难群众因患重大疾病,其一次性支付医药费在5000元以上,或者一年累计医药费用在

10000 元以上的，可申请重大疾病医疗救助，给予当年发生医疗费用个人实际负担部分 30% 的救助，个人全年累计救助金额不超过 4000 元。

城市医疗救助资金主要通过省、州、县财政拨款，福利彩票公益金，社会捐助和其他合法渠道筹集。县财政每年按照省、州要求的比例安排医疗救助资金并列入财政预算。城市医疗救助基金纳入社会保障基金财政专户，用于办理医疗救助资金的核拨、支付和发放业务。县民政、财政、监察、审计等部门对基金使用情况实施监督检查，发现问题及时纠正并及时向县人民政府报告。

为加强对城市医疗救助工作的组织实施，县人民政府成立锦屏县城市医疗救助工作领导小组，明确一名副县长任组长，统一组织协调全县城市医疗救助工作，领导小组办公室设在县民政局，具体负责城市医疗救助的审批、监督和管理等日常工作。按照公开、公平、公正的原则，实行医疗救助公示制度，把医疗救助政策、救助标准、救助对象、救助时限，采取一定形式予以公示，接受社会和群众监督。

第四章　跨越发展时期的主要工作及成就

中共十八大以来，以习近平同志为核心的党中央团结带领全党全国各族人民，推进中国社会主义进入新时代，围绕新时代坚持和发展什么样的中国特色社会主义，怎样坚持和发展中国特色社会主义这一重大时代课题进行探索，创立了习近平新时代中国特色社会主义思想，更加自觉地增强中国特色社会主义道路自信、理论自信、制度自信、文化自信，明确了新时代的奋斗目标和战略部署，统筹推进“五位一体”总体布局，协调推进“四个全面”战略布局，取得了改革开放和社会主义现代化建设的历史性成就。

锦屏人民在这样的新时代背景下，在党的坚强领导和带领下，社会经济发展进入快车道，取得了辉煌成就。 通过脱贫攻坚，和全国各族人民一道，同步实现了全面小康的伟大胜利。

第一节　经济社会发展实现历史新高

十八大以来，锦屏县委县政府团结带领全县广大干部群众，认真贯彻落实中央和省、州各项决策部署，牢牢守住发展和生态两条底线，坚定不移实施主基调主战略，积极主动适应经济发展新常态，全力抢抓机遇，沉着应对挑战，聚力攻坚克难，谱写了锦屏后发赶超、跨越发展的新篇章，以下就其经济社会发展分年列述如下。

2013 年，锦屏县委县政府在州委、州政府的正确领导下，坚持以邓小平理论、“三个代表”重要思想和科学发展观为指导，认真贯彻落实党的十八大、十八届二中、三中全会，省委十一届三、四次全会，州委九届三次全会精神，突出“加速发展扩大总量、奋力赶超、推动跨越”主基调，大力实施“工业强县、城镇带县、旅游活县”三大战略，在激烈竞争中加压奋进，不断完善工作思路，转变发展方式，加快发展步伐，有力地推动了全县经济社会持续快速健康发展。全县生产总值 25.39 亿元，比上年增长 17.5%。其中，第一产业增加值 4.15 亿元，增长 7.4%；第二产业增加值 8.99 亿元，增长 20.7%；第三产业增加值 12.25 亿元，增长 18%。三次产业增加值比重为 16.44：35.62：47.94，对经济增长的贡献率分别为 6.2%、46.2% 和 47.6%。全县人均生产总值达 1.64 万元（按当年价格和年平均常住人口计算），约合 2676 美元（按年末汇率折算）。全县财政总收入完成 3.62 亿元，比上年增长 19.33%，增收 5871 万元，其中地方财政收入完成 2.72 亿元，比上年增长 18%，增收 4152 万元。全县金融机构存款余额 37.21 亿元，比年初增长 9.21%，增加 3.14 亿元，其中：城乡居民储蓄存款 26.91 亿元，比年初增长 23.33%，增加 5.1 亿元。各项贷款余额 14.48 亿元，比年初增长 23.28%，增加 2.73 亿元。人均储蓄存款余额 1.75 万元，比上年增长 2285%。全年争取扶贫资金 2.58 亿元，产业化扶贫项目覆盖 15 个乡镇 92 个行政村 11457 户 47503 人，全年累计完成减少贫困户 6294 户，减少贫困人口 24471 人。年末行政村通电率、通电话率、通公路率均达到 100%。①

2014 年，锦屏县委县政府以中国特色社会主义理论为指导，深入学习贯彻习近平总书记重要讲话精神，深入贯彻落实党的十八大和十八届三中、四中全会，省委十一届四次、五次全会，州委九届四次、五次全会精神，按照县第十一次党代会的部署，坚持主基调、主战略，落实“扩大总量、先赶后转”的总要求，按照“打基础利长远、惠民生奔小康”的总任务，把全面深化改革贯穿于经济社会发展各个领域各个方面，扎实开展党的群众路线教育实践活动，在激烈竞争中加压奋进，不断完善工作思路，不断转变发展方式，不断加快发展步伐，切实加强和改进党的建设，有力地推动了全县经济社会持续快速健康发展，国民经济实现持续较快发展。全年生产总值完成 30.34 亿元，同比增长 16.3%，其中，第一产业完成 4.7 亿元，同比增长 6.6%；第二产业完成 10.69 亿元，同比增长 17.8%；第三产业完成 14.94 亿元，同比增长 17.7%。财政总收入

① 《锦屏年鉴》编纂委员会编：《锦屏年鉴（2014）》，72 页、55 页，昆明，云南科学技术出版社，2014。

完成3.74亿元，同比增长3.3%，其中公共财政预算收入完成2亿元，同比增长2.56%。金融对经济发展的支持力度逐步加大，金融机构各项存款总余额达到41.73亿元，同比增长12.15%，各项贷款余额17.58亿元，同比增长21.42%。全县人均生产总值达19737元。实施产业化扶贫项目建设，扶贫资金2530万元，涉及15个乡镇、187个行政村（撤并前行政村），覆盖农户8650户38900人，产业化扶贫项目实施面积38237亩，高架网箱养鱼182口，鱼苗264万斤。加大投入改善贫困乡村农业、交通、教育和卫生等基础设施。年末行政村通电率达100%；通电话村、通公路村均达到100%。全年累计完成减少贫困户4436户，减少贫困人口18000人。①

2015年，锦屏县委县政府深入学习贯彻习近平总书记系列重要讲话精神，认真贯彻落实党的十八大，十八届三中、四中、五中全会精神，团结带领全县广大干部群众，坚持守住发展和生态两条底线，深入实施主基调主战略，以“做大敦寨新城、做特三江老城、做精隆里古城”为抓手，大力实施“2468”工程，全县经济社会呈现出经济平稳增长、民生持续改善、社会和谐稳定、后劲明显增强的良好态势。全县生产总值34.76亿元，同比增长13.2%，其中：第一产业7.16亿元，增长6.6%；第二产业11.47亿元，增长11.9%；第三产业16.13亿元，增长15.9%。全县财政总收入3.53亿元，同比增长10.32%。其中，公共财政预算收入1.89亿元，同比增长29.06%；一般公共预算支出15.69亿元，同比增长20.39%。年内50万元以上固定资产投资完成34.01亿元，同比增长20.20%。招商引资到位资金36.31亿元，同比增长2.63%。全年实现旅游总收入10.5亿元，同比增长21.9%。全县金融机构存款余额为51.06亿元，同比增长22.37%；贷款余额为22.93亿元，同比增长30.5%。全面小康实现程度为88.6%，比上年提高2.5个百分点。城镇居民人均可支配收入22569元，同比增长10.40%；农村居民人均可支配收入6390元，同比增长12.01%。②

2016年，锦屏县委县政府深入学习贯彻习近平总书记系列重要讲话精神，认真贯彻落实中央和省委、州委重大决策部署，主动适应经济发展新常态，全力稳增长、调结构、促改革、惠民生、保稳定，全县经济社会呈现持续健康较快

① 《锦屏年鉴》编纂委员会编：《锦屏年鉴（2015）》，67页、87页，天津，天津科学技术出版社，2015。
② 《锦屏年鉴》编纂委员会编：《锦屏年鉴（2016）》，54页，昆明，云南科学技术出版社，2017。

发展，民生持续改善、社会和谐稳定、发展后劲增强的良好态势。全县地区生产总值 40.36 亿元，同比增长 13.1%。其中第一产业增加值 8.14 亿元，同比增长 6.1%，第二产业增加值 12.84 亿元，同比增长 11.6%，第三产业增加值 19.38 亿元，同比增长 17%。全年财政总收入 3.89 亿元，同比增长 7.2%，其中公共财政预算收入 2.15 亿元，同比增长 15%；公共财政预算支出 17.05 亿元，同比增长 8.5%。年内 500 万元以上固定资产投资完成 28.41 亿元，同比增长 21.6%，招商引资到位资金 34.34 亿元，同比增长 28.9%，年末拥有 2000 万元以上规模工业企业 35 家，规模以上工业增加值完成 17.84 亿元，同比增长 8.9%。全年实现旅游产业收入 16.7 亿元，同比增长 47.1%。全社会消费品零售总额完成 10.48 亿元，同比增长 13.5%。城镇居民人均可支配收入 24632 元，同比增长 9.1%；农村常住居民人均可支配收入 7080 元，同比增长 10.8%。全县金融机构存款余额 57.59 亿万元，同比增长 12.8%，各项贷款余额 33.68 亿元，同比增长 46.9%。2016 年，全县减少农村贫困人口 1.15 万人，年末贫困发生率为 18.35%，同比下降 5.04 个百分点，全面小康实现程度达 88.8%。①

2017 年，锦屏县委县政府在习近平新时代中国特色社会主义思想指导下，深入贯彻落实党的十九大精神，以生态优先、绿色发展理念为指引，以全面建成小康社会为总目标，以脱贫攻坚统领经济社会发展全局，不断提高新时代党建工作水平，在“守底线、走新路、奔小康”中开拓进取，全县经济社会呈现出经济平稳增长、民生持续改善、社会和谐稳定、后劲明显增强的良好态势。全县地区生产总值 42.72 亿元，同比增长 4.3%。其中，第一产业增加值 8.67 亿元，同比增长 6.2%；第二产业增加值 12.59 亿元，同比下降 1.4%；第三产业增加值 21.46 亿元，同比增长 7.4%。全年财政总收入 4.19 亿元，同比增长 5.8%。其中，一般公共预算收入 2.18 亿元，同比增长 2.1%。一般公共预算支出 18.66 亿元，同比增长 9.5%。年内 500 万元以上固定资产投资完成 10.07 亿元，同比下降 39.8%。招商引资到位资金 26.57 亿元，同比增长 40.39%。年末拥有 2000 万元以上规模工业企业 34 家，规模以上工业增加值完成 10.22 亿元，同比增长 1.1%。全年实现旅游产业收入 23.72 亿元，同比增长 42.09%。全社会消费品零售总额完成 11.59 亿元，同比增长 10.5%。城镇居民人均可支配收入 26716 元，同比增长

① 《锦屏年鉴编》纂委员会编:《锦屏年鉴（2017）》，88—89 页、116 页，昆明，云南科技出版社，2017。

8.5%；农村居民人均可支配收入 7781 元，同比增长 9.9%。全县金融机构存款余额 62.98 亿元，同比增长 9.4%；各项贷款余额 41.44 亿元，同比增长 23%。2017 年，全县减少农村贫困人口 7342 人，年末贫困发生率为 18.68%，全面小康实现程度达 90.2%。[①]

2018 年，锦屏县委县政府以习近平新时代中国特色社会主义思想为指引，按照“五位一体”总体布局和“四个全面”战略部署，深入贯彻落实生态优先、绿色发展理念，以全面建成小康社会为总目标，以脱贫攻坚统领经济社会发展全局，围绕“夜郎遗珠·有机锦屏”战略定位，加快建设“国内外知名木商文化旅游目的地”和“中国山地有机生活体验第一县”。深入开展“铸勤行动”“铸魂行动”，不断提高新时代党建工作科学化水平，在“守底线、走新路、奔小康”中开拓进取、迎难而上，全县形成了经济平稳增长、民生持续改善、社会和谐稳定、后劲明显增强的良好态势。全年生产总值完成 44.98 亿元，按可比价计算，同比增长 8.8%。其中，第一产业增加值 9.33 亿元，同比增长 6.5%；第二产业增加值 12.22 亿元，同比增长 5.8%；第三产业增加值 23.44 亿元，同比增长 11.4%。全年财政总收入 4.53 亿元，同比增长 8.1%。一般公共预算收入 2.06 亿元，同比下降 5.4%；一般公共预算支出 18.23 亿元，完成预算数的 106.53%，比上年减支 4245 万元，同比下降 2.28%。城镇居民人均可支配收入 28933 元，同比增长 8.3%；农村居民人均可支配收入 8520 元，同比增长 9.5%。全县金融机构存贷款余额 126.52 亿元，同比增长 21.2%，其中金融机构存款余额 69.46 亿元，增长 10.3%；金融机构贷款余额 57.06 亿元，增长 37.7%。社会消费品零售总额 12.09 亿元，同比增长 7.7%。[②] 全县有规模以上工业企业 18 家，民营经济增加值完成 23 亿元，增长 9.5%。全县涉旅项目固定资产完成 3 亿余元，成功创建隆里古城国家 4A 级景区、文斗苗寨和龙池多彩田园 2 个国家 3A 级景区，旅游总收入 30.82 亿元，同比增长 29.93%。电信业务完成 6.36 亿元，同比增长 187.06%。建成 105 个村级电子商务服务站点，电商销售额 1.48 亿元。“五大产业”种植面积 36.32 万亩，水产养殖 14.92 万亩，规模养殖场 141 个，农民专业合作经济组织 682 个，加快推进城镇化进程，县城城区面积扩展到 4.7 平方千米，城镇化率

① 《锦屏年鉴编》纂委员会编：《锦屏年鉴（2018）》，88—89 页，昆明，云南科技出版社，2018。

② 《锦屏年鉴编》纂委员会编：《锦屏年鉴（2019）》，43 页，成都，成都地图出版社，2019。

达到 42.6%。[①]

2019 年，锦屏县委县政府以习近平新时代中国特色社会主义思想为指导，深入贯彻落实党的十九大和十九届二中、三中全会精神，统筹推进“五位一体”总体布局，协调推进“四个全面”战略布局，坚持稳中求进的工作总基调，坚持以脱贫攻坚统揽经济社会发展全局，以推进供给侧结构性改革为主线，以提高发展质量和效益为中心，紧扣“夜郎遗珠 · 有机锦屏”战略定位，突出产业发展、城乡建设、全域旅游三大板块，持续打好防范化解重大风险、精准脱贫、污染治理三大攻坚战，统筹推进稳增长、促改革、调结构、惠民生、防风险各项工作，进一步做好“六稳”工作，在“巩固、增强、提升、畅通”上下功夫，保持经济持续健康发展和社会大局稳定。全县生产总值完成 56.59 亿元，同比增长 10.5%。其中，第一产业增加值 9.88 亿元，增长 5.8%；第二产业增加值 22.39 亿元，增长 15.8%；第三产业增加值 24.32 亿元，增长 7.3%。全县财政总收入完成 4.74 亿元，同比增长 4.6%。其中一般公共预算收入 2.08 亿元，完成预算调整数的 100.31%，同比增长 0.92%，增收 190 万元。一般公共预算支出完成 24.85 亿元，完成预算数的 100%，比上年增支 6.62 亿元，同比增长 36.30%。全县金融机构存贷款余额 137.24 亿元，同比增长 8.1%。其中，金融机构存款余额 74.48 亿元，同比增长 6.3%；金融机构贷款余额 62.76 亿元，同比增长 10.2%。全县社会消费品零售总额 12.49 亿元，同比增长 3.3%。全县城镇居民人均可支配收入 31537 元，同比增长 9.0%；农村居民人均可支配收入 9466 元，同比增长 11.1%。全县 500 万元以上固定资产投资完成 19.34 亿元，同比增长 4.7%。[②]

2020 年，锦屏县经济社会发展主要预期目标是全县地区生产总值增长 9% 以上，其中：一二三产分别增长 6.5%、9.5% 和 10% 以上；一般公共预算收入增长 2% 以上；规模以上工业增加值增长 9% 以上；500 万元以上固定资产投资增长 15% 以上；社会消费品零售总额增长 7% 以上；城镇居民和农村居民人均可支配收入分别增长 9%、10.5% 以上；全面完成省州下达各项目标任务和控制性指标。[③] 然而，因为一场突如其来的新冠疫情，使社会经济发展增长速度打了折扣，

① 《锦屏年鉴编》纂委员会编：《锦屏年鉴（2019）》，46 页，成都，成都地图出版社，2019。

② 《锦屏年鉴》编纂委员会编：《锦屏年鉴（2020）》，91 页、151 页，贵阳，贵州人民出版社，2020。

③ 《锦屏年鉴》编纂委员会编：《锦屏年鉴（2020）》，64—65 页，贵阳，贵州人民出版社，2020。

据贵州省统计局统计，锦屏县2020年GDP为59.73亿元，增长速度为4.3%。① 在疫情严重的情形下，取得如此增长成绩，极为不易。

第二节　社会保障事业全面提升

带领人民创造美好生活，是我们党始终不渝的奋斗目标。保障和改善民生要抓住人民最关心最直接最现实的利益问题，既尽力而为，又量力而行，一件事情接着一件事情办，一年接着一年干。实施积极就业政策，切实抓好就业是最大的民生，持续提高人民收入水平。按照兜底线、织密网、建机制的要求，全面建成覆盖全民、城乡统筹、权责清晰、保障适度、可持续的多层次社会保障体系。大力开展人口与卫生工作，深化医疗卫生体制改革。深入开展爱国卫生运动，倡导健康文明生活方式。加强食品安全工作，让人民吃得放心。不断改善居民居住条件，做好县城棚户区改造、农村危房改造、保障性住房等民生工程，优先解决城乡困难家庭和农村转移人口的住房问题。以下就党的十八大以来锦屏县的社会保障工作与生活水平分年列述如下。

2013年，城镇新增就业1967人，失业人员实现再就业395人，就业困难人员实现就业312人，城镇登记失业率为3.55%。全年完成职业技能培训22期，培训人数1074人，转移农业劳动力就业3826人，外出务工人数58596人。年末企业职工基本养老保险参保总人数5600人，比上年增加200人。城乡居民社会养老保险参保人数103048人，综合参保率98.76%。60周岁以上参保和发放待遇24563人，支付城乡居民社会养老保险养老金1558万元。失业保险年末参保总人数1600人，比上年增加170人。工伤保险参保单位247户，参保人数8062人。年末，全县参加农村合作医疗1896万人，农民参合率为99.43%，较上年提高7.04%。全年共补助农民参合人员189644人次，补助医疗费用62.58亿元，全年补偿人数91119人次，补偿资金支出6662.85万元。年末，城镇医疗保险参保人数20833人，其中：城镇职工医疗保险9958人、城镇居民医疗保险10875

① “贵州改革”公众号2021年2月20日发布，访问时间：2020.02.20。

人，全年城镇职工医疗保险基金支出 1732 万元，城镇居民医疗保险基金支出 382 万元。全年发放城市低保对象 1107 户 2112 人，发放低保金 5932.8 万元。全年发放农村低保对象 20689 户 43430 人，共发放低保金 5930 万元。全年城市救助 241 户 352 人，救助金额 95.96 万元；农村救助 2810 户 3154 人，救助金额 596.41 万元，其中资助新农合人数 11439 人，资金支出 57.02 万元。全年续建保障性住房 256 套。其中廉租房 56 套，公租房 48 套。新建保障性住房 304 套，其中廉租房 160 套，公租房 48 套，经济适用房 24 套。城市棚户区改造 100 户，完成签订协议 100 户。农村危房改造开工建设 11002 户，竣工 11002 户，已经全部入住，中央、省、州县各级补助资金共计 73.69 亿元。①

2014 年，锦屏县全年城镇新增就业 2430 人，失业人员实现再就业 479 人，就业困难人员实现就业 355 人，城镇登记失业率为 3.15%。全年完成职业技能培训 23 期，培训人数 991 人，转移农业劳动力就业 3615 人，外出务工人数 6.04 万人。企业职工基本养老保险参保总人数 5920 人，比上年增加 320 人。城乡居民社会养老保险参保人数 103048 人，综合参保率 98.6%。60 周岁以上参保和发放待遇 24460 人，支付城乡居民社会养老保险养老金 879.5 万元。失业保险年末参保总人数 1700 人，比上年增加 100 人。工伤保险参保单位 280 户，参保人数 8709 人。全县参加农村合作医疗 19.1026 万人，农民参合率为 99.23%，较上年减少 0.2%。参合人数较上年增加 1382 人次。全年共补助参合农民 275234 人次，补助医疗费用 8303.87 万元，与上年同比增长 27.77%，资金使用率为 105.29%。城镇医疗保险参保人数 21046 人。全年发放城市低保对象 1073 户 2017 人，发放低保金 644.02 万元。全年发放农村低保保障对象 21667 户 41145 人，共发放低保金 6495.9 万元。全年城市救助 24793 人次，救助金额 644.02 万元；农村救助 15575 人次，救助金额 818.07 万元，其中资助新农合人数 12427 人，资金支出 65.94 万元。全年续建保障性住房 750 套，其中廉租房 200 套，公租房 550 套。新建公租房 2486 套，城市棚户区改造 1000 户。农村危房改造开工建设 1200 户，竣工 1200 户，已全部入住，中央、省、州县各级补助资金共计 1691.4 万元。②

2015 年，城镇新增就业 2986 人，失业人员实现再就业 468 人，就业困难人

① 《锦屏年鉴》编纂委员会编：《锦屏年鉴（2014）》，58 页，昆明，云南科学技术出版社，2014。

② 《锦屏年鉴》编纂委员会编：《锦屏年鉴（2015）》，70—71 页，天津，天津科学技术出版社，2015。

员实现就业355人，转移农业劳动力就业4374人，城镇登记失业率为3.09%，达到州控指标4.2%范围内。全年开发公益性岗位100个，援助就业困难人员和零就业家庭成员实现就业45人。积极创建省级创业型城市，在三板溪库区建立城归人员创业基地1个，创业人员500余人，带动就业2000余人；在锦屏经济开发区建立返乡创业园1个，入驻企业4家，带动就业300余人；在钟灵乡、茅坪镇建立种植孵化基地2个，带动就业300余人；在15个乡镇建立创业示范点20个，创业示范基地3个，带动就业500余人；开展“就业援助月”等就业服务活动，提供岗位2426个。年内全县城镇职工基本养老保险、城乡居民社会养老保险、城镇职工医疗保险、工伤保险、失业保险、生育保险参保人数分别为4298人、104139人、10233人、8760人、2500人、7041人，分别完成基金征缴3930万元、891万元、901万元、102万元、210万元、55万元。全年调整企业退休人员基本养老金待遇1844人，月人均水平达到2000.5元，月人均增加231元。全年办理被征地登记并录入信息系统的参保人数1577人，项目征地实际到位社保资金4006万元。完成全县机关事业单位养老保险个人代扣代缴工作，城镇职工养老保险待遇领取人员、城乡居民养老保险待遇领取人员认证人数分别为2109人、2540人。全年职工医疗保险享受待遇2540人，统筹基金支付1269万元；工伤保险享受待遇51人，基金支付188万元；生育保险待遇享受83人，基金支付22.4万元；审批特殊门诊77例，享受待遇357人次，基金支付67万元。①

2015年，全县保障对象由占全县人口总数的18.68%下调到11.4%。农村低保保障标准由2014年2100元/人·年提高到2580元/人·年，月人均补助水平由提标前的115元提高为155元，农村低保对象由2014年21599户41001人减量至15790户24506人，其中取消保障对象7878户18906人，新增保障对象2069户3123人，调增2628户3012人，调减2094户3724人，全年共发放农村低保资金5485.87万元。城市低保保障标准由400元/人·月提高到442元/人·月，月人均补助水平由提标前的272元提高为314元，城市低保对象由提标前1050户1811人减量至1004户1704人，其中取消保障对象66户142人，新增保障对象20户36人，调增34户42人，调减39户43人，全年共发放城市低保资金652.68万元。开展缺粮救助，2015年全县有4177户8354人缺粮，其

① 《锦屏年鉴》编纂委员会编：《锦屏年鉴（2016）》，70页，昆明，云南科学技术出版社，2017。

中：特别困难户2506户5012人，中等困难户813户1626人，一般困难户858户1716人，共发放救助粮31.72万公斤。开展医疗救助，2015年累计支付城乡大病医疗救助资金30.1万元，与上年同比增加73万元，增长26%；从9月起对城镇“三无”人员、农村“五保”户、1960年代精减退职老职工“三类”对象实施“一站式”及时结算服务医疗救助。开展临时救助和急难救助，年内共发放城乡居民临时生活困难救助金435.2万元，救助1032户3256人。开展特困供养人员救助，年内全县共有“五保”供养对象1138人（其中集中供养对象201人、分散供养对象937人），全县农村“五保”集中供养标准由每人每年1200元提高为2600元，分散供养标准由800元提高为2000元，农村“五保”集中供养对象年供养补助水平达6083元，分散供养水平达5483元，年内发放农村“五保”供养生活补助金245.97万元。①

2016年，城镇新增就业2839人，失业人员再就业438人，就业困难人员实现就业411人，农村劳动力转移就业4628人，城镇登记失业率3.15%，达到州控指标4.2%范围内。发放创业贷款410笔，贷款金额2048.2万元，促进就业839人；发放妇女小额担保贷款贴息113.18万元。开发公益性岗位244个，帮助1083名农村贫困劳动力实现转移就业。全县城镇职工基本养老保险城乡居民基本养老保险、城镇职工医疗保险、工伤保险、失业保险、生育保险参保人数分别为6600人、104635人、10519人、8928人、2680人、7303人，分别完成基金征缴3200万元、895.54万元、3830万元、246万元、202万元、219万元。被征地农民养老保险基金收入5139万元，参保人数1700人，年内发放待遇376人，增发基础养老金43万元。全县按黔人社发〔2015〕7号文件纳入城镇企业职工基本养老保险296人，年内提供参保帮助56人，贷款金额222万元。全县招考录用公务员16名、人民警察3名；公开招聘事业单位工作人员295名，完成招聘到岗251名；乡镇教育机构招聘录用免费师范生22名；乡镇卫生院招聘录用定向免费医学生2名。开展劳动保障监察，共受理投诉举报案件73起，为697名农民工追回劳动报酬740.88万元；开展劳动人事争议仲裁，共收到仲裁申请35件，立案受理20件，案外调处9件，结案率、调解成功率均达到100%。全年收到工伤认定申请50件，受理48件，认定为工伤45件。民政和社会事务

① 《锦屏年鉴》编纂委员会编：《锦屏年鉴（2016）》，69页，昆明，云南科学技术出版社，2017。

完成城乡低保提标核查，城市低保标准提高到484元/人·月，全年保障977户1607人，发放保障金698.22万元，农村低保标准提高到3060元/人·年，全年保障13562户23890人，发放保障金5746.34万元。发放低保季节性缺粮户救助粮39万公斤，保障6795户9898人。发放五保供养资金229.29万元，保障936户1059人。发放孤儿基本生活费113.64万元，保障147人。发放医疗救助资金503.14万元，救助1033人。发放临时救助资金318.36万元，救助3402人。全县安置退役士兵49人。全年发放重点优抚对象9大类1414人的抚恤金或生活医疗补助720.29万元；向10名应征入伍大学生发放奖励金2.3万元。全县发放救灾资金1820万元、救灾大米49.74万公斤、冬春救助粮71.5万公斤、菜油12123提、棉被8360床、棉衣401件、单衣服3204套、帐篷1240顶、塑料布85捆、折叠床1494张、折叠桌椅1440套、手拉拖斗车20辆、铁铲40把，接收并下发社会捐赠款75万元，救灾现场发放受灾慰问金12.93万元。全年办理老年证213本，发放90岁以上高龄老人补贴19.86万元，投入建设资金40万元，建设农村幸福院12个。全县办理社会组织注册登记3个，民办非企业登记1个，收养登记2例，结婚登记1835对，离婚登记341对，补发结婚证265对，销售福利彩票615.31万元。①

2017年，城镇新增就业2705人，失业人员再就业442人，就业困难人员实现就业401人，城镇登记失业率3.18%。完成农村劳动力转移就业4585人。其中贫困劳动力转移就业3266人。引导和鼓励农民工返乡创业就业4566人。组织2次劳务输出，集中输送33人到杭州就业、25人到北京就业；转移贫困劳动力外出务工2773人。开展贫困劳动力全员培训2706人次，培训后实现就业创业及脱贫625人。发放创业贷款527笔，贷款金额3001万元，促进就业1535人。开发公益性岗位133个，公益性岗位共有210人。城镇职工基本养老保险、城乡居民基本养老保险、城镇职工医疗保险、工伤保险、失业保险、生育保险参保人数分别为14317人、104856人、10593人、9270人、2788人、7618人，分别完成基金征缴3.04亿元、945万元、3921万元、328.9万元、141万元、183万元。全县被征地农民1766户7436人，到位社保资金5166.16万元。纳入城镇企业职工基本养老保险359人，提供参保帮助53人，贷款金额214万元。机关事

① 《锦屏年鉴》编纂委员会编：《锦屏年鉴（2017）》，95页，昆明，云南科技出版社，2017。

业单位养老保险基金征缴 2.64 亿元、职业年金征缴 1460 万元。完成机关事业单位养老保险制度改革实施准备期基金清算及退休人员待遇重算，养老保险基金收入 1.85 亿元，支出 14711 万元，结余 3759.8 万元，职业年金收入 2500 万元，重算改革后退休人员 259 人的待遇，并补发养老金 172.76 万元。完成全县城乡低保标准提标，城市低保标准提高到 532 元 / 人·月，年保障 895 户 1445 人，发放保障金 691.25 万元；农村低保标准提高到 3528 元 / 人·年，年保障 13598 户 23544 人，发放保障金 6035.98 万元。低保季节性缺粮户粮食救助 10292 户 18073 人，发放救助粮 408.03 吨；2016—2017 年冬春救济下发救助粮 420 吨，惠及 3 万余困难群众。发放医疗救助金 491.96 万元，救助 3609 人次。发放临时救助金 93.62 万元，救助 513 户 2006 人次。发放急难救助金 34.97 万元，救助 31 人次。发放特困供养生活补助金 459.55 万元，保障 918 人。发放孤儿保障金 105.54 万元，保障 1039 人次。全县"一站式"救助及大病医疗救助支出 491.96 万元，救助 3609 人次。全县遭受突发性强降雨，紧急生活救助 1728 人，过渡性生活救助 1046 人，处置火情救灾 23 次。全年共下发救济救灾大米 5.43 吨，救灾现场发放受灾慰问金 5.4 万元，发放贵州省民政厅下达的救灾救助资金 278.9 万元。全县参加县级统保的农房投保户数 26419 户。其中符合政府补贴 25489 户，县级财政补贴 76.47 万元，农户自缴保费 42.42 万元，省级统保 44232 户，省级财政补贴 18.58 万元。①

2018 年，全年实现城镇新增就业人数 2831 人，占州下达任务 2717 人的 104.2%；失业人员实现再就业 441 人，占州下达任务 439 人的 100.46%；就业困难人员实现就业 398 人，占州下达任务 396 人的 100.51%；城镇登记失业率为 3.09%，控制在州控指标 4.2% 范围内。完成农村劳动力转移就业 4591 人，占州下达任务 4475 人的 102.59%。发放创业担保贷款 344 笔，贷款金额 1951 万元，兑现贴息资金 39.3 万元，促进就业 854 人。开发公益性岗位 173 个，援助城镇登记失业人员、建档立卡贫困劳动力、易地扶贫搬迁劳动力等就业困难人员上岗就业。公益性岗位共有 285 人，低于州控制指标；开发就业见习岗位 99 个，推荐 70 名高校毕业生参加就业见习。全年开展职业技能培训 39 期 2302 人，占州下达任务 100%；贫困劳动力全员培训完成 93 期 4468 人，占州下达任务 4454 人

① 《锦屏年鉴》编纂委员会编：《锦屏年鉴（2018）》，128—129 页，昆明，云南科技出版社，2018。

的 100.31%；优选富阳区培训机构到锦屏开展家政服务、服装制作、缝纫技能培训 3 期，113 人贫困劳动力参加培训；10 月份设立杭州市富阳区驻锦屏县公共职业服务介绍中心，推荐和开展劳务输出工作。全年共开展“春风行动”“夏秋攻势”锦屏县·富阳区企业招聘会活动 3 次，现场提供就业岗位 830，现场达成就业意向 937 人。全年组织到杭州地区新增的劳务输出就业 1026 人，占州下达任务 900 人的 114%。其中，贫困劳动力 448 人，占州下达任务 372 人的 120.43%。在隆里、敦寨、三江等易地扶贫搬迁安置点中挂牌成立就业创业服务中心。城镇职工基本养老保险、城乡居民基本养老保险、失业保险、医疗保险分别完成 10842 人、105006 人、10139 人、7966 人，参保人和基金征缴收入均超额完成州下达任务指标。机关事业单位职业年金参保人数 5726 人，职业年金收入 1581 万元，职业年金待遇支出 494 万元。征地实际到位社保资金 5693.48 万元，被征地农民养老金发放待遇 501 人，发放金额 63.3 万元。城市低保标准从 532 元 / 人月提高到 570 元 / 人 / 月，增幅为 7.14%；农村低保标准从 3528 元 / 人 / 年提高到 3876 元 / 人 / 年，增幅为 9.86%。全县共有城乡低保对象 3938 户 8557 人，1—12 月累计支出城乡低保金 4300.2 万元，其中，城市低保对象 609 户 955 人，累计支出城市低保金 561.41 万元，月人均补助 489.8 元；农村低保对象 3329 户 7602 人，累计支出农村低保金 3738.79 万元，月人均补助 409.8 元。全县共有缺粮对象 2762 户 6319 人，其中特别困难户 544 户 563 人，共发放救助粮 18.13 万公斤。[①]

2019 年，全县实现城镇新增就业人数 3015 人，失业人员实现再就业 455 人，就业困难人员实现就业 397 人，农村劳动力转移就业 4697 人，城镇登记失业率为 3.03%。全县职业技能培训完成 1432 人，贫困劳动力全员培训累计培训结业 5517 人次。全年发放创业担保贷款 327 笔，贷款金额 1840 万元，兑现贴息资金 73.24 万元，促进就业 486 人。全县开发公益性岗位 284 个，开发扶贫公益性岗位 328 个，开发就业援助补贴岗位 1221 个，认定锦屏县星星制衣厂、锦屏县鸿光电子有限公司等 24 家企业（合作社）为就业扶贫车间，吸纳建档立卡贫困劳动力 347 人就业。全县城镇职工基本养老保险、城乡居民基本养老保险、失业保险、工伤保险参保人数分别为 15921 人、105039 人、3535 人、10204 人，

① 《锦屏年鉴》编纂委员会编：《锦屏年鉴（2019）》，100、102 页，成都，成都地图出版社，2019。

机关事业单位职业年金参保人数 5797 人，年内发放被征地农民养老金待遇 561 人，资金 76.7 万元，为 19 家企业发放稳岗补贴 20.6 万元。年内减轻全县参保单位社会保险缴费负担共计 1625.16 万元。全县城乡低保 4488 户 10961 人，累计发放城乡低保金 3135.19 万元。其中，城市低保 678 户 1155 人，累计发放城乡低保金 563.99 万元；农村低保 3810 户 9806 人，累计发放农村低保金 2571.2 万元。全年共发放临时救助资金 341.28 万元，共救助 4702 人。全县有特困供养户 595 户 617 人，全年共发放特困人员生活补助金 644.52 万元。全年共发放 22 名孤儿基本生活费 27.9 万元，发放残疾人护理费补贴 216.76 万元。全县有移民安置点 7 个，设移民安置社区 4 个，按照城市社区标准化建设要求分别在 7 个移民安置点设立社区服务中心。全年完成搬迁贫困群众一次性临时救助 2125 户 9308 人，兑现资金 1396.2 万元。全年共收到捐赠资金 40 万元，实施敦寨镇龙池水果冷库维修、特胶塑料厂建设、美乐小学卫生公厕改造 3 个项目。①

2020 年，锦屏县围绕不断改善民生福祉，着力提升群众获得感幸福感。始终把改善民生作为一切工作的出发点和落脚点，以人民对美好生活的向往为奋斗目标，全力推动民生事业更好更快发展。积极促进创业就业，落实新一轮就业创业政策，以建档立卡贫困户、易地扶贫搬迁户劳动力和退役军人、高校毕业生就业创业为重点，统筹做好就业创业服务、劳动力输出推荐等工作，实现农村劳动力转移就业 4700 人，外出务工人数 6.5 万人，认定扶贫车间 10 家以上。办好公平优质教育，建成三江镇第三中心幼儿园和城关四小，完成县民族中学改扩建工程，基本消除城镇“大班额”问题。大力实施名校长、名班主任、名教师培养工程，加快公立幼儿园建设，开展城镇小区配套幼儿园治理工作，狠抓师德师风，不断提高教育教学质量。加快健康锦屏建设，持续抓好新冠肺炎疫情防控工作，确保疫情不输入、不反弹，进一步做好其他传染病和地方病综合防控，建立完善公共卫生应急物资储备机制。持续推进医疗卫生服务能力提升“八大工程”，深化医保、医疗、医药“三医”联动，全面落实城乡医疗保险、大病保险制度，居民医保人均财政补助标准提高到 520 元，全县合作医疗参保率达 95% 以上。推动文体事业发展，加大村级文化服务中心建设力度，推进锦屏革命历史陈列馆建设，大力开展竞技体育、民族节庆等活动。认真做好民族文化与自然遗产、非物

① 《锦屏年鉴》编纂委员会：《锦屏年鉴（2020）》，95—96 页，贵阳，贵州人民出版社，2020。

质遗产保护传承等工作，加快锦屏文书申报世界（亚太）记忆遗产名录，促进全县文体事业繁荣发展。完善社会保障体系，抓好第七次全国人口普查工作，做好城乡居民基本养老保险、困难退役军属帮扶援助、低保提标、临时救助、“三特三留”人员关爱等工作，切实织密扎牢民生保障“兜底网”。①

第三节 生态文明与“绿色锦屏”建设成绩显著

习近平总书记在党的十九大报告中强调：“坚定走生产发展、生活富裕、生态良好的文明发展道路，建设美丽中国，为人民创造良好生活环境，为全球生态安全做出贡献。”特别是在参加贵州省代表团讨论时指示，“要守好发展和生态两条底线，创新发展思路，发挥后发优势，决战脱贫攻坚，决胜同步小康，开创百姓富、生态美的多彩贵州新未来”。锦屏县坚持以生态文明引领经济社会发展。牢牢守住生态底线，切实保护好“青山、蓝天、碧水、净土”良好环境。加强“绿色锦屏”建设，深入推进生态文明示范县三年行动计划，加快省级生态示范乡镇、示范村创建活动。加大环境综合治理力度，推进农业面源污染防治和土壤污染治理与修复，强化环境保护执法监管，认真落实“河长制”，扎实抓好“三江三湖”生态环境整治。深入开展城乡环境整治，持续开展农村清洁风暴行动，打造全省污水处理样板县。全面落实节能减排各项政策措施，实行最严格水资源管理制度，严守耕地保护红线。以下就十八大以来，分年列述锦屏在生态文明与“绿色锦屏”建设上的主要成绩如下。

2013 年，全年各类排放物排放量同比下降。在州政府环境保护目标考核中取得 856.5 分的好成绩，荣获全州二等奖。完成人工造林 69397 亩，占州下达任务的 130.9%，其中工业原料林 46546 亩，新造油茶林 9400 亩，新造楠竹 4190.6 亩，新造核桃林 9260.4 亩。按照建设美丽锦屏要求，完成敦寨工业园区 2 公里主干道、2 公里次干道和 25 个村寨（单位）以及锦屏至茅坪公路共 10 公里的绿化工作，栽植红豆杉、桂花、香樟等绿化苗木 2300 株、灌木绿化树 1500 株、其

① 《锦屏年鉴》编纂委员会：《锦屏年鉴（2020）》，69 页，贵阳，贵州人民出版社，2020。

他绿化小苗 160 万余株。全县培育杉木苗面积 143.78 亩，预订出苗 462.2 万株；油茶 41.15 亩，预计产苗 18836 万株；山核桃 14.28 亩预计产苗 11.01 万株；培育红豆杉、穗花杉、山杜英、黑壳楠、乐昌含笑、银杏等珍稀、绿化苗木 10 亩，预计出苗 8 万株，基本能满足 2013 年冬至 2014 年春造林和绿化用苗的需求。对重点污染源单位县溪口污水处理厂派驻监察员，每星期现场检查 1 次以上，对县人民医院每季度检查 1 次以上。对全县各砖厂加强日常监管，要求各砖厂禁止用含硫重的有烟煤，全部使用无烟煤和煤渣作为燃料。督促各石材加工企业、金矿和活性炭企业对生产废水进行处理，努力实现循环利用，最大限度节约水资源。开展集中式饮用水源保护区划定、上报审批工作，定期开展集中式水源地水质监测等相关工作，确保环境安全。开展敦寨示范小城镇和隆里特色乡镇集中式饮用水水源保护区划定、上报审批工作，完成示范小城镇和特色乡镇集中式饮用水水源保护区环境综合整治方案编制上报。城乡集中式饮用水源地水质监测每月开展 1 次，监测指标 28 项，合格率达 100%；此外，每季度对县城集中式饮用水源地水质开展 1 次 36 项指标的水质监测，合格率达 100%。开展饮用水源调查评估、地下水基础环境状况调查评估和生产化学品环境情况调查工作，为水污染防治工作奠定基础。年内共投资 161 万元开展农村环境综合整治，启蒙镇八受村生活污水处理示范项目投资 80 万元，主要开展生活污水治理。河口乡文斗村和彦洞乡彦洞村农村环境综合整治项目，各投资 18 万元，主要进行生活垃圾收集处理。新化所村、新化司村、新化寨、欧阳寨农村环境整治项目，投资 45 万元，主要开展生活垃圾收集处理。①

2014 年，全年各类排放物排放量同比继续下降。全年共审批项目环评 48 个，环评执行率为 100%；建设项目环评预审 67 个。加强环境监管和饮用水监测，对重点污染源单位县溪口污水处理厂与和泰水泥有限公司派驻监察员，对全县各砖厂加强日常监管，禁止用含硫重的有烟煤，全部使用无烟煤和煤渣作为燃料，督促各石材加工企业、金矿和活性炭企业对生产废水进行处理。加强集中式饮用水源水质和污水处理厂水质监测，完成县城及 14 个乡镇政府所在地的集中式饮用水源地水质监测工作。县城饮用水源地水质监测每月 1 次，每次 2

① 参见《锦屏年鉴》编纂委员会：《锦屏年鉴（2014）》，177、194—195 页，昆明，云南科学技术出版社，2014。

天，监测 28 项指标，其余乡镇每月 1 次，每次 1 天，监测 28 项指标；县城集中式饮用水源地水质监测 61 项指标监测，每季度监测 1 期，每期监测 2 天。每月 1 次提取污水处理厂水样送检，根据水样送检结果调整相应工作。全年完成排污费征收 50.8 万元。实施完成启蒙镇八受村生活污水处理示范项目，河口乡文斗村和彦洞乡彦洞村农村环境综合整治项目，新化所村、新化司村、新化寨、欧阳寨农村环境整治项目，收集处理生活垃圾，7 个村脏乱差的面貌得到较大改善。启动实施隆里乡龙里司村、王家榜村、华寨村、隆里新村和河口村等农村环境综合整治项目，总投资 180 万元。全县共完成人工造林 58275.9 亩，占州下达任务的 140.7%，其中完成工业原料林 37559.3 亩，新造油茶林 6015 亩，新造楠竹 8899.6 亩，新造核桃林 4302 亩，新垦蓝莓地 1500 亩，计投入资金 3206 万元（其中县级自筹 1051 万元）；投入资金 650 万元完成 30 个重点村寨（点）和敦寨工业园区二期 1.78 公里道路绿化，栽植绿化苗木 3 万余株，完成四旁及义务植树 32 万株。全年培育杉木苗面积 160 亩、马尾松 2 亩、油茶 12 亩、山核桃 10 亩、红豆杉、香樟、桂花、银杏等珍稀、绿化苗 200 亩，培育各类苗木 916 万株。

此外，2014 年还开展了环保“利剑”执法专项行动，5 月至 11 月以卦治库区石材行业为重点和突破口开展环保“利剑”执法专项行动。专项行动期间，共检查石材企业 12 家，下达环境监察执法通知书 11 份，对 1 家擅自停运、闲置污染防治设施企业处罚罚金 2000 元；检查机制炭企业 7 家，下达环境监察执法通知书 3 份，对 2 家未批先建企业实施处罚共计 20000 元；检查房地产开发项目 10 个，建材企业 17 家，下达环境监察执法通知书 6 份。共出动环境监察执法人员 282 人次，追缴 2013 年度排污费 2.29 万元。①

2015 年，锦屏县坚持“绿水青山就是金山银山”的发展理念，认识到良好的生态环境是锦屏发展的后发优势和“绿色红利”，必须像保护眼睛一样保护生态环境，像对待生命一样对待生态环境，努力实现经济、社会、环境效益协同共进。把生态文明建设和“河长制”工作纳入各乡镇年度工作目标进行考核，并于 2 月 25 日同步启动县、乡开展“绿色贵州”建设三年行动计划。县级、乡村级

① 参见《锦屏年鉴》编纂委员会：《锦屏年鉴（2015）》，199 页、221—222 页，天津，天津科学技术出版社，2015。

启动仪式分别在三黎高速公路边敦寨镇螃蟹夹和三江镇排洞村、平略镇归朝 村举行，在县领导作动员讲话并宣布启动仪式后，县“四大班子”分管领导、锦屏经济开发区领导、县党政机关负责人、各乡镇党委书记（乡镇长）等近300名干部群众和三江镇、平略镇干部群众参加义务植树活动。当年，县、乡、村启动点共植完苗木1.1万株，造林面积230亩，栽植银杏、红叶石楠、桂花、红豆杉等苗木。全年完成人工造林5.18万亩，其中杉木原料林4.19万亩，楠竹0.85万亩，乡土珍稀阔叶树0.14万亩；完成公路绿化15公里，完成村寨（学校、园区）绿化35处，栽植各类绿化苗木9.5万株，投入营造林资金达2500万元；完成各类林木育苗160亩，计划产苗量600余万株；零星四旁义务植树等完成49.5万株；完成幼林抚育12.4万亩。全县共计完成生态红线划定面积548.02平方公里，占国土面积的34.25%，并形成了锦屏县生态红线（生态功能保障基线）区域名录71个，共分为传统村落保护、基本农田保护、生物多样性保护、水源水质保护、水源水资源保护、文物古迹保护、优质耕地、基本农田保护、自然与人文景观保护等8个主导生态功能区。建成1个乡镇农村生活垃圾和1个农村生活污水处理项目建设。根据《贵州省环境保护厅关于开展1000人以上集中式饮用水源保护区划分工作的通知》、黔东南州环境保护局《关于开展1000人以上集中式饮用水源地保护区划分工作的通知》文件及州人民政府与锦屏县人民政府签订的“2015年环境保护工作目标责任书”要求，锦屏县政府于2015年7月召集了环保局、水务局及15个乡镇负责人召开了饮用水源地保护区划分工作协调会，要求各乡镇对所属辖区内1000人以上的集中式饮用水源地情况进行摸底调查，并编制15个集中式饮用水水源地保护区划分方案上报州环保局审核。 经核实划定，锦屏县1000人以上集中式饮用水水源地主要有15处，按照水源地类型分，2个为湖库型，13个为河流型。一是本着“谁开发、谁保护；谁破坏、谁恢复；谁受益、谁缴纳”的原则，对矿山开发企业实施收缴矿山环境恢复治理保证金制度，加强裸露矿区环境恢复治理。坚持资源公有、物权法定，清晰界定全县国土空间各类自然资源资产的产权主体。借鉴锦屏县林权制度改革的经验，对全县水流、森林、山岭、草原、荒地、滩涂等自然资源资产统一进行确权登记，逐步划清不同所有者之间的边界。逐步探索建立市场化的生态补偿机制，制定完善锦屏县矿产资源有偿使用制度。二是锦屏县依托退耕还林工程，中央财政造林补贴项目、森林植被恢复费建设项目，共完成人工造林41276.8亩，其中杉木林31913.8亩，楠竹8000亩，特色绿化苗木基地1363亩。有效减少锦屏县裸露山体面积，完成三黎高速锦屏段45公里沿线荒山绿化建设；投资400余万元完成隆里古城周围及护城河一带2万多平方公里的绿化建设工程；投资609万元完成县城江宾大道绿化3公里；投资60万元完成县城至茅坪古镇沿河两岸绿化10公里；投资90万元完成县内30个村寨绿化美化。①。

2016年，锦屏县林业局围绕“守住发展和生态两条底线”总要求，以“资源增量，林业增效，群众增收”为总目标，以“加强森林资源保护，加大森林资源培育，大力发展林业产业”为抓手，大力推进林业生态建设和林业产业发展。坚持以种苗培育为基础，抓好造林绿化、美丽乡村建设和绿色通道建设，全年完成各类林木育苗1367亩，其中杉木苗54亩170万株，油茶苗13亩60万株，绿化苗木1300亩270万株。完成9个重点村寨、21条重点通村硬化公路和70公里省道公路的绿化，并开展面上“四旁绿化”，栽植各类绿化苗木21万株。完成人工造林1.44万亩，完成迹地更新1.11万亩，完成楠竹低产林改造2000亩，完成油茶低产林改造3000亩，完成中幼林抚育12万亩。全县林业用地面积184.97万亩，占全县国土总面积的77.22%，其中森林面积170.74万亩，占林业用地总面积的92.30%，森林覆盖率71.93%，林木蓄积135589万立方米。实施《锦屏县生态环境保护“党政同责”和“一岗双责责任制”》《锦屏县生态文明体制改革实施方案》《关于推动绿色发展建设生态文明的实施意见》等系列文件，编制《锦屏县生态文明建设示范县建设规划》，完成生态红线划定548.02平方公里，完成生态红线区域名录审查，把生态文明建设纳入乡镇、部门年度目标考核。完成2个州级生态乡镇（新化乡、敦寨镇）、9个州级生态村的命名工作。实施中央、省、州和县级农村环保专项资金项目22个，投入资金4943万元，涉及14个乡镇32个行政村，受益人口6.34万人。实施重点环保项目6个，总投资2331万元。全年空气质量优良天数比例达98.9%，综合指数为2.96，全面达到省小康指标要求；县城及14个乡镇集中式饮用水源水质达标率为100%。锦屏县清水江出水断面水质监测结果符合《地表水环境质量标准》（GB3838-2002）

① 参见《锦屏年鉴编》纂委员会:《锦屏年鉴（2016）》，188—189页、213页，昆明，云南科技出版社，2017。

Ⅲ类水质标准。县城交通噪声监测结果达到《声环境质量标准》（GB3096-2008）4a类标准，县城区域噪声达到《声环境质量标准》（GB3096）2类标准。大幅度改善了清水江流域的水环境和群众的人居环境质量。①

2017年，大力实施“绿色贵州”建设行动计划，深入推进生态文明示范县和生态文明先行示范区建设，完成人工造林1.66万亩，义务植树22万株，幼林抚育12万亩，全年完成各类林木育苗160.07亩。其中，杉木苗102.82亩，钩藤苗33亩，油茶苗1.5亩，山核桃5亩，桃、李、梨等其他果树苗木17.75亩，预计产苗510万株。完成扶贫特色绿化苗木基地建设1350亩，实施公益性苗圃建设项目80亩，新栽杨梅、茶花、杜鹃、紫荆等小苗计1.1万株；投入200万元完成15个重点村寨及大曲线公路绿化补植22万株；投入750万元完成人工造林15834.4亩，其中楠竹3573.6亩，杉木12260.8亩，森林覆盖率达72.02%。全面实行县乡村三级河长制，亮江、小江流域得到有效治理，清水江流域锦屏库区生态环境整治形成常态化，出境断面水质达标率为100%，县城空气质量优良天数比达96.6%，集中式饮用水源地水质达标率100%。城乡生活垃圾收集处理网络系统不断健全，城乡垃圾无害化处理率、城镇污水处理率分别达84%和93.3%。实施重点减排项目3个，非重点减排项目1个。县城及14个乡镇集中式饮用水源点水质达到《地表水环境质量标准》（GB3838-2002）Ⅲ类标准，地表水清水江茅坪出境断面水质达到《地表水环境质量标准》（GB3838-2002）Ⅲ类标准，功能区环境噪声达到《声环境质量标准》（GB3096-2008）Ⅱ类标准，交通噪声达到昼夜4a类标准。空气质量综合指数为2.98，城区空气优良天数为346天，优良率为96.9%。完成30个突出环境问题自查整改，整改率93.75%；办结中央环保督察交办信访问题10起，办结率83.33%；完成中央环保督察反馈问题整改5个，完成率为25%；整治清水江流域水电站库区网箱，签订拆除协议5278.3亩，拆除网箱面积5208.3亩。开展农村清洁“风暴行动”，投入资金122万元；完成瑶白、黄门等8个农村环境综合整治项目，投入资金290万元；实施天堂饮用水源保护区环境综合整治项目，投入资金320万元。出台《锦屏县生态文明体制改革实施方案》《锦屏县深入推进生态文明先行示范区建设实施方案》系列文

① 参见《锦屏年鉴》编纂委员会：《锦屏年鉴（2017）》，96页、231—234页、356—258页，昆明，云南科技出版社，2017。

件，推进生态文明创建，开展国家生态功能区县域生态环境监测和考核相关工作，强化县城区域空气质量环境监管，开展县城及14个乡镇集中式饮用水源地水质监测和保护区范围内执法监管工作；开展省和州级生态乡镇、生态村创建工作。申报生态乡镇5个和生态示范村15个，完成2016年度省级生态村1个，州级生态乡镇2个、生态村11个命名挂牌。完成30个突出环境问题自查整改，整改率93.75%。办结中央环保督察交办信访问题10起，办结率83.33%。中央环保督察反馈问题清水江流域水电站库区网箱整治得到有效整改落实，签订拆除协议5278.3亩，拆除网箱面积5208.3亩，占任务的90%。全年实施重点减排项目3个，非重点减排项目1个。重点工程减排任务超额完成州政府目标任务。以开展农村“清洁风暴”行动为契机，投入资金122万元，推进农村环境连片整治，以“抓点、带线、促面”，逐步解决锦屏县农村地区村容村貌“脏、乱、差”和面源污染等突出问题。完成投资290万元的瑶白、黄门等8个农村环境综合整治项目，推进河口、固本两乡生活垃圾和污水处理项目建设项目竣工投入试运行。①

2018年，锦屏县深入推进“绿色锦屏”建设，以“守底线、走新路、奔小康”为总纲，以稳定和改善环境质量为核心，秉承“支持发展不动摇、环境标准不降低、服务企业不懈怠”的宗旨，以落实中央环保督察问题整改为主抓手，扎实开展生态环境保护各项工作。坚决打好污染防治“五场战役”，扎实开展农村清洁风暴行动，县城空气质量优良率达99.7%。5个污水处理厂建成投入使用，城乡生活垃圾无害化处理率达88.3%，城乡污水处理率达83%。认真抓好中央环保督察反馈问题和“回头看”督察新增问题整改，投入1.8亿元，拆除三板溪库区网箱5278亩，实行“河长制”常态化管护，清水江出境断面水质达标率为100%，完成14个集中式饮用水源地保护区勘界立标，集中式饮用水源地水质达标率100%。以开展农村“清洁风暴”行动为契机，狠抓农村环境连片整治，年内，投资320万元实施天堂饮用水源保护区环境综合整治项目，投资600万元实施茅坪、瓮寨传统村落环境整治项目，实施中央资金900万元农村环境整治项目，涉及全县30个村。完成全县187个行政村（普查小区）生活污染源基本信

① 参见《锦屏年鉴》编纂委员会:《锦屏年鉴（2018）》，73—74页、130页、286页、313—315页，昆明，云南科技出版社，2018。

息和224家工业源、6家规模化养殖场、5家集中式污染治理设施、16家移动源的入户信息调查、数据录入和审核。完成2017年中央环保督察反馈问题整改20项，占任务数的90%；办结中央环保督察“回头看”转交信访投诉案件6件，办结率100%；办结省委第四环保督察组交办信访件8件，办结率100%。根据省委、中央环保督察整改要求，采取“政府组织、分步推进、全部取缔、乡镇为主、部门配合、合理补偿、依法行政、公平公正”的原则，对清水江流域锦屏水电站库区养殖网箱进行清理整治，累计拆除网箱面积351.9万平方米，兑现补偿资金1.8亿元，涉及网箱养殖户698户。同时，以脱贫攻坚为统揽，以深化林业改革为抓手，按照生态产业化、产业生态化、生态社会化的要求，深化产业结构调整，聚焦油茶产业，牢牢守住生态和发展两条底线，践行“绿水青山就是金山银山”的发展理念，全力推进生态文明建设和林业综合改革，积极探索出林业综合改革“1＋2＋10”发展模式，较好地完成林业各项工作任务。全年完成新造油茶任务1万亩，杉林造林0.68万亩，全县森林覆盖率提高到72.12%。实施村寨绿化美化工程，完成全县15个乡镇60余个村的村寨绿化，共栽植桂花、香樟、红豆杉、银杏、桃、李、金秋梨、杨梅、山核桃、丰花月季、红花继木、杜鹃等大小苗木11.52万株，投入村寨绿化美化资金126.7万元；全县共培育造林苗木155亩，培育造林苗木613万株，其中良种苗木439万株；培育绿化苗木1846.5亩，培育大小绿化苗木134万株。①

2019年，锦屏县践行“绿水青山就是金山银山”的发展理念，坚持生态优先、绿色发展，深入实施大生态战略行动，坚定不移走绿色发展新路子，锦屏大地呈现出天更蓝、山更青、水更绿、民更富的生动景象。主要从全力打好污染防治攻坚战、重点加强生态环境保护力度、突出抓好环保督察问题整改三个方面来实施生态文明与绿色锦屏建设。

一是全力打好污染防治攻坚战。扎实推进蓝天、碧水、净土“三大行动”，深入实施“双十”“双源”工程，持续开展“守护多彩贵州、严打环境违法”等专项行动。坚决打好蓝天保卫战，狠抓压减燃煤、扬尘治理等工作，县城区空气优良天数比例达99.7%。打好碧水保卫战，常态化“河长制”管理，持续优化清

① 参见《锦屏年鉴》编纂委员会:《锦屏年鉴（2019）》，16页、70—71页、121页、139页，成都，成都地图出版社，2019。

水江流域水电站锦屏库区环境常态化管理工作，县城及14个乡镇集中式饮用水源点达标率达100%，地表水茅坪出境断面水质达标率达100%，水质稳定保持在Ⅱ类。

二是重点加强生态环境保护力度。深入推进“绿色锦屏”建设，规划建设国家战略储备林25万亩，完成省级森林小镇、森林村寨、森林人家和国家森林乡村申报工作。强力开展森林保护“六个严禁”执法专项行动，严厉打击破坏森林资源违法行为，全县森林覆盖率达72.12%。划定锦屏县畜禽禁养区面积34391平方公里，制定《国家重点生态功能区锦屏县产业准入负面清单》，明确禁止和限制发展行业、生产工艺、产业目录，有效夯实绿色发展基础。实施“绿色锦屏”建设，完成人工造林5.88万亩，其中人工造林新造油茶林2.05万亩，低产低效林改造1.83万亩，森林抚育补贴项目2.0万亩，创建龙池多彩田园油茶示范、启蒙丁达村油茶示范、三江镇令冲油茶＋碧根果混交示范3个油茶示范基地。全年完成城乡绿化植苗18.23万株，发放公益林补偿资金893.97万元。茅坪镇获“贵州省森林乡镇”称号、平秋镇圭叶村等5个村获“贵州省森林村寨”称号、50户人家获“贵州省森林人家”称号。启动实施国家战略储备林项目并获批贵州绿色产业扶贫投资基金3529.41万元和国家开发银行首笔贷款1亿元。落实“河长制”常态化管理，优化清水江、亮江、六硐河锦屏辖区水生态环境。投入1.62亿元，建成5个乡镇垃圾收运系统和7个污水处理厂，垃圾处理无害化率、集镇污水处理率分别达90%、65%，危险废物处置利用率100%。通过生态移民，复垦复绿2555户，复垦复绿率75.91%。

三是突出抓好环保督察问题整改。制定《锦屏县关于中央和省委生态环境保护督察问题按期限见底清零的实施意见》，对涉及整改问题逐项销号，建立“一本账、挂牌办、回头看、周调度、月通报、年考核”六大制度，细化整改措施，强化整改力度，全面推进2017年中央环境保护督察、2018年中央生态环境保护督察“回头看”、2018年省委环境保护督察中反馈和指出33个问题的整改落实，完成督察反馈问题整改28个，完成率为84.84%，认真做好督察组交办的26件群众信访投诉，均已按照信访流程全部办结销号公示。①

① 参见《锦屏年鉴》编纂委员会：《锦屏年鉴（2020）》，33—34页、91页、153页、194页，贵阳，贵州人民出版社，2020。

2020年，锦屏县围绕推进生态文明建设，着力打好污染防治攻坚战役。认真践行“绿水青山就是金山银山”的理念，牢牢守好发展和生态两条底线。深入实施大生态战略行动，压实生态环境保护主体责任，深入实施“双十”“双源”工程，持续开展“六个一律”环保利剑行动，加快推进城镇污水、垃圾处理设施建设，确保城乡污水处理率稳定在省州控制范围以内，垃圾无害化处理率达92%以上，全县集中式饮用水源地水质和出境断面水质达标率稳定在100%。从严从实抓好中央和省委环保督察“回头看”反馈问题整改，深入推进“绿色锦屏”建设，扎实推进“蓝天、碧水、净土”三大行动，强力开展森林保护“六个严禁”执法专项行动，严厉打击破坏森林资源违法行为。规划建设国家战略储备林2.45万亩，全面实施“大花园、大果园、大乐园”项目，创建省级森林乡镇2个以上、森林村寨10个以上、森林人家100户以上，森林覆盖率稳定保持在72%以上。严格保护耕地和基本农田，确保耕地保有量不低于25.87万亩。坚决打好蓝天保卫战，狠抓压减燃煤、扬尘治理等工作，确保县城环境空气质量优良率稳定在98%以上。大力推动绿色经济发展，坚持生态产业化、产业生态化，深入实施绿色制造三年行动计划，积极培育和引进绿色产业，加快推进“两材入园”，促进传统石材、木材产业转型升级，创建绿色园区、绿色工厂，把生态优势转变为发展优势和经济优势。严格实施环保准入和建设项目“三同时”制度，拒绝高耗能、高排放项目落户锦屏。实行最严格水资源管理制度，全面落实河（湖）长制常态化管理，县境内天然水域实行10年全面禁捕，坚决守住生态保护红线、环境质量底线、资源利用上线，进一步完善和提升生态文明治理体系和治理能力，持续推进乡村生态文明建设。①

① 《锦屏年鉴》编纂委员会：《锦屏年鉴（2020）》，66页，贵阳，贵州人民出版社，2020。

第四节　从脱贫攻坚到全面建成小康社会

扶贫攻坚作为保障民生的重要工作之一，一直是党和政府高度重视的领域。党的十八大以后，进一步加大了力度，并经历了从扶贫攻坚到脱贫攻坚的转变，至2020年，锦屏县全面实现与全国人民同步小康，以下分年列述如下。

2013年，主要从产业扶贫和对口帮扶两个方向着力。具体而言，2013年实施扶贫开发产业化项目8类，子项目176个，资金约2.02亿元。安排实施2013年度的项目有乡村旅游项目的安装太阳能路灯、采购单体钢架大棚，项目资金50万元；绩效考评烤烟房建设68平方米，林下养鸡5000羽，食用菌大棚建设6个，项目资金15万元；油茶种植面积3888亩，项目资金250万元；核桃种植5000亩，核桃产业步道建设22公里，项目资金456万元；核桃果树保护20株，资金10万元；中药材种植5714亩，项目资金20万元；精品水果种植800亩，项目资金50万元；脱毒马铃薯一级扩繁50亩，二级扩繁200亩，优质种薯种植4015亩，项目资金170万元；乡镇特色产业项目红托竹荪草棚种植220亩，单体钢架大棚种植226个，红托竹荪原料林建设150亩，辣椒种植1000亩，项目资金300万元。项目覆盖13个乡镇92个行政村11457户47503人。

在对口帮扶方面，2013年，国务院扶贫开发领导小组安排中国农业发展银行作为锦屏县定点帮扶单位，杭州市委安排富阳区作为锦屏县的对口帮扶单位。从4月份开始，农业发展银行总行由机关党委常务副书记黄巍带队，浙江省富阳区由区委常委、常务副区长童定干带队，到锦屏县开展帮扶考察活动，开展帮扶工作。

此外，完成产业化技能培训2876人，占任务数的101.8%。完成环境与社会发展项目4大类10小类，项目资金4224.8万元。完成扶贫生态移民工程建设任务300户1250人。全面实现“减贫撤帽”和帮扶贫困户“个案帮扶”工作方案，帮扶任务干部25544人，结对帮扶3329户贫困户，1.6万人实现脱贫。实施帮扶项目90个，共投入帮扶资金3597.3万元（包括物资折款）。全年完成减少贫困人口5762户24471人，为州下达任务的165.8%、县下达任务的152.9%。[①]

2014年，全县扶贫开发工作紧紧瞄准贫困群体与贫困人口，围绕“两不愁三保障”，大力实施开发式扶贫战略，不断完善扶贫开发机制，积极实施产业化扶贫“以工代赈、小额贴息、生态移民、整村推进、雨露计划”等重点项目建设。具体而言分为几个重点领域：

一是集团帮扶。锦屏县是省政协副主席左定超牵头定点联系集团帮扶县，共计安排扶贫资金3000万元，三年规划，分四个年度实施。2014年定点帮扶河口、固本2个乡镇，每乡镇安排500万元项目发展资金。河口乡投入财政扶贫资金35.15万元，在里寨、文斗上寨、加池3个村扶持575户，发展高架投饵网箱养鱼；投入财政扶贫资金1.6576亿元，在中仰、九佑、锦来、里寨、培陇、培尾、美蒙、加池、裕和、塘东、韶霭、锦中、中寨、南路、岩湾、上寨、下寨、格翁、河口19个村扶持3766户，实施辣椒种植项目；投入财政扶贫资金90.36万元，在中仰、九佑、锦来、美蒙、塘东、韶霭6个村发展生态林下养鸡项目；投入财政扶贫资金164万元，在培陇、裕和、中寨、培尾4个村扶持1060户，发展生态养羊项目；投入财政扶贫资金4473万元，在河口村建成45米风雨桥1座。固本乡投入财政扶贫资金360.04万元，在培亮、八一、瑶里、九桃4个村扶持908户，实施网箱养鱼；投入财政扶贫资金81.91万元，在南河、瑶里2个村扶持340户，实施库叉拦河生态养鱼项目；投入财政扶贫资金30万元，在务翁村扶持35户，发展生态娃娃鱼养殖；投入财政扶贫资金3.6万元，在九桃、高舟2个村扶持57户，实施马铃薯种植；投入财政扶贫资金24.45万元，在南河、瑶里、高舟3个村扶持540户，实施生态家禽养殖项目。

二是整村推进。2014年，安排瑶白、救民、富库、稳江、仁丰、仁里、采芹、乌金、林星、果垢、岑巩11个村实施整村推进项目，共投入资金305万元，实施小香鸡、二元杂交仔猪、鸭等13个养殖类项目，充分发挥当地资源优势，推动扶贫产业发展壮大，使其真正成为群众增收的重要来源，加快贫困群众脱贫致富步伐。

三是开展智力扶贫培训。2014年实施培训项目3个大项，培训人数9839人，投入资金162.2万元，完成“圆梦行动”（资助每名贫困大学生4000元）

① 《锦屏年鉴》编纂委员会：《锦屏年鉴（2014）》，175页，昆明，云南科学技术出版社，2014。

70人、十大产业技能培训172人、“三位一体”培训1156人、贫困地区干部培训157人、环境与社会发展能力培训8249人，分别为州级下达任务数的100%、86%、115.6%、131.9%、103%。结合实际为扶持对象开展实用技能培训，让贫困群众真正掌握一技之长，靠自己的技术和辛勤劳动脱贫致富，成功实现“培训一人，输出一人，脱贫一户”。

四是对口帮扶。中国农业发展银行作为国务院扶贫开发办公室安排的锦屏县定点帮扶单位，2014年累计帮扶资金64万元，实施项目5个，分别是：河口乡文斗小学“读书亭”建设项目，资金22万元；县特殊教育学校办公设施增添建设，资金5万元；彦洞乡九勺村活动场地硬化项目，资金1万元；资助“雨露计划　圆梦行动”贫困大学生20人，每人4000元，资金8万元；资助偶里民族中学、偶里民族小学，三江镇小江小学、大同小学、平金小学，新化乡新化小学等单位电脑共40台，物资折款16万元。“以教育为帮扶载体、以学生为受益主体”帮扶项目的成功实施，有力促进了贫困乡村教育事业的均衡发展。富阳区作为杭州市委安排的锦屏县对口帮扶单位，2014年投入帮扶资金115万元，实施帮扶项目6个，分别是河口乡文斗村青石板单路建设，资金20万元；大同乡大同村街道太阳能路灯建设，资金20万元；三江镇平金小学操场及围墙建设，资金32万元；新化乡新化所村人饮安全工程，资金20万元；偶里乡偶里中学基础设施建设与维修，资金13万元；偶里小学教学楼维修，资金10万元。此外，还与组织、教育、卫生部门开展短期轮训、脱产进修等多方位帮扶。省审计厅作为贵州省定点帮扶锦屏县工作单位，2014年协调争取帮扶资金3495万元，其中，锦屏县城关三小学校建设资金1800万元，隆里古城基础设施建设资金120万元，锦屏文书特藏馆建设资金300万元，隆里古建筑群维修资金50万元，河口中学和地茶中学斜坡治理资金300万元，河口乡党中风雨桥建设资金10万元，新华乡中心小学和河口乡瑶光小学文化宫建设资金75万元等。

五是减贫摘帽。瞄准贫困人口，深入开展一对一、面对面、点对点的个案帮扶。2014年，全县共投入帮扶的单位机构135个（含省、州）、同步小康驻村工作队15个、驻村扶贫工作队111个，“3、2、1”结对帮扶干部2332人（县级101人、科级627人，一般干部1604人），帮扶贫困群众3211户12847人。帮扶干部为帮扶对象开展种养殖业扶持、项目引进、基础设施建设、设备购置、物资赠送等，落实帮扶资金（含物资折款）共计 873.66 万元，有力地促进了贫困农户增收致富。2014 年全县减少贫困人口 1.8 万人，贫困发生率下降 8.9 个百分点；钟灵乡、茅坪镇 2 个贫困乡镇通过省级考核验收，实现“减贫摘帽”，贫困乡镇发生率下降 13.3 个百分点。

总之，经过一年的努力，2014 年实现减少农村贫困人口 1.8 万人，农村居民人均可支配收入达到 5705 元，同比增长 15.3%。全年实施产业化扶贫项目 4 大类 21 个大项，落实到村项目 216 个，资金 3608.86 万元。2014 年完成油茶种植 10886 亩，油茶低产改造 5700 亩，资金 850 万元；完成钩藤种植 18148 亩，资金 200 万元；完成核桃种植 3413 亩，资金 223 万元；完成精品水果种植 90 亩，资金 50 万元；完成精品蔬菜项目，建设蔬菜钢架大棚 97 个，食用菌 19.6 万棒，资金 100 万元；完成脱毒马铃薯一级原种植扩繁 50 亩，二级原种扩繁 300 亩，一级种扩繁 750 亩，优质薯大田种植 2390 亩，资金 200 万元；完成紫薯种植 3578 亩，栽培试管苗 2 万株，大棚建设 1800 平方米，资金 40 万元；建设高架网箱 182 口，发放鱼苗 13.2 万公斤。项目覆盖 15 个乡镇 194 个行政村 8650 户 38900 人。产业化项目的成功实施，大力带动农户拓宽增收渠道，有效促进了农村经济社会发展，形成“一个项目辐射一片，一个产业致富一方”燎原之势，产业拉动成为最成功最有效的扶贫法宝。①

2015 年是锦屏创建脱贫攻坚示范县项目实施年，全年规划到村项目 866 个，重点发展中药材、林下养鸡、乡村旅游 3 个主导产业和油茶种植、精品蔬菜、稻田养鱼 3 个辅导产业，到县项目资金 8647 万元，完成资金拨付 8183.4 万元。其中，中药材项目完成投资 1294.6 万元，种植钩藤 21056.4 亩、白术 200 亩、灵芝 12 亩，完成两年规划种植面积的 80.67%；林下养鸡项目完成投资 327.54 万元，发放鸡苗 38 万余只、圈舍建设完成 5018 平方米，分别完成两年规划任务的 76.8%、65.9%；乡村旅游项目完成投资 732.7 万元，完成平秋北侗民族风情展示馆、隆里古城旅游景区游客观景步道 2813 米、亮江田园风光旅游带完成民居住房风貌整治 3.03 万平方米、文化墙民族绘画 1000 平方米、旅游接待改造四合院 1926.7 平方米、硬化观光步道 1220 平方米、休闲广场建设 2400 平方米、安装园区道路灯仿古路灯 48 盏、观光水果种植 181 亩、景观树种植 5690 株及河口乡

① 《锦屏年鉴》编纂委员会：《锦屏年鉴（2015）》，205—207 页，天津，天津科学技术出版社，2015。

文斗村农耕文化博物馆等项目建设，完成两年规划投资任务的38.2%；油茶种植项目完成投资508.33万元，新造油茶6122.4亩，改造油茶低产林2800亩，分别完成两年规划任务的86%、80%；精品蔬菜项目完成投资420.7万元，建设蔬菜钢架大棚161个，种植辣椒550亩、芭蕉芋735亩、马铃薯723亩、紫薯1657.4亩、食用菌生产27.7万棒，新建辣椒烘烤房及配套设施450平方米、农产品储备（周转）用房376平方米，完成两年规划投资任务的68.3%；稻田养鱼项目完成投资44.8万元，发放鲤鱼幼苗6755公斤，实施稻田高产示范养鱼965亩；集团帮扶项目完成投资345.3万元，固本乡2015年集团帮扶项目主要集中发展生态家禽养殖、辣椒种植、稻田养鱼等产业，共发放鹅苗1.85万只、鸭苗1.2万只、小香鸡苗13.16万只，建设完成圈舍7980平方米，新建辣椒烘烤房18处；实施茅坪镇2015年革命老区小型公益设施建设项目、小康水项目、三板溪村壮大集体经济旅游接待站建设项目、560亩脱毒马铃薯春繁项目。开展扶贫培训和帮扶工作，全年拨付到县培训资金196.4万元，共开展各类培训26期，完成培训2077人次，资助贫困大学生214名。另外，开展社会扶贫工作，中国农业发展银行为中央直属部门定点帮扶锦屏，全年接收到中国农业发展银行帮扶资金66万元；年内县共组织有关部门领导干部和技术骨干5个批次83人次到杭州市富阳区开展培训、挂职学习和交流，富阳区组织教育、卫生部门技术专家2个批次23人次到锦屏开展支医、授教回访活动，全年富阳区投入帮扶资金115万元，落实对口帮扶项目5个，完工2个。开展遍访贫困村贫困户工作，省、州、县帮扶人员共对全县17753户贫困户61400人贫困人口开展遍访，建立遍访工作台账。开展减贫摘帽工作，大同、偶里、平略3个贫困乡镇“减贫摘帽”通过州级考核验收，年内全县减少农村贫困人口12300人，完成州级下达任务。落实财政专项扶贫资金审计整改工作，对2015年省审计厅审计锦屏县2012—2014年扶贫项目资金提出的锦屏县在扶贫资金筹集、使用、项目管理上存在贫困农户受益较低、项目实施地点调整频繁、招投标管理不规范、项目验收管理薄弱、制度不健全等问题全面完成整改工作。完成“十三五”扶贫规划编制，围绕中药材、林下养鸡、乡村旅游3个主导产业和油茶、精品蔬菜、稻田养鱼3个辅导产业为主线编制扶贫规划，规划的项目主要包含基础设施、农村生产生活条件、基本公共服务、特色产业发展、生态建设与环境保护5个大类，共编制项目3368个，规划资金 220.86 亿元。完善扶贫工作机制，将县乡扶贫工作的重心由实施项目转移到决策、审批、实施和监管为一体的“负总责”体制，建立县乡规范运作的“四到县”①运行管理机制。②

此外，锦屏县于 2015 年 11 月 28 日开通“扶贫专线”电话，电话设置在县扶贫开发办公室综合股，扶贫专线电话受理扶贫咨询、投诉与举报、意见建议、捐赠联系四类业务。值班人员 24 小时全天候值守，对来电人姓名、性别、住址、联系电话、反映事由及内容等信息进行详细如实记录和登记。所有来电均实行同步录音，实名受理。对专线电话受理各类信息及办理情况，分类登记，建立台账，纳入档案管理，确保群众反映的问题件件有回音，事事有落实。③

2016 年，锦屏县以脱贫攻坚统揽经济社会发展全局，把脱贫攻坚作为头等大事和第一民生工程。完善组织指挥体系，成立由县委书记、县长任组长的“双组长”脱贫攻坚领导小组。领导小组下设脱贫攻坚指挥部，县委书记任指挥长。指挥部下设 3 个纵队，纵队队长分别由县人大常委会主任、县人民政府县长和县政协主席担任。每个纵队下设 5 个分队，每个分队为 1 个乡镇，每个分队长由 1 名副县级领导担任。每个分队下设若干个中队，每个中队为 1 个村，每个中队长由包村部门主要负责人担任。建立“县级领导 + 部门帮扶集团”包帮 1 个乡镇、“科级领导 + 驻村工作队”包帮 1 个村的两级包帮联系机制，做到层层有干部、包帮不漏户。执行最严督查问责机制，实行“周调度、半月调度、月调度和双月调度”制度，严格执行“一票否决”和督查问责。县委、县政府围绕省委省政府、州委州政府部署要求，印发了《中共锦屏县委、锦屏县人民政府关于坚决打赢脱贫攻坚战确保同步全面建成小康社会的实施意见》及《锦屏县 2016 年“减贫摘帽”工作方案》《锦屏县脱贫攻坚问责办法》《锦屏县易地扶贫搬迁工作巡查办法（试行）》《锦屏县易地扶贫搬迁工作问责办法（试行）》《锦屏县扶贫开发调度机制》《锦屏县扶贫资金管理实施细则》《锦屏县项目申报指南》《锦屏县“特惠贷”实施意见》《锦屏县“特惠贷”风险基金管理办法》和《锦屏县支持农民专业合作社贷款实施意见》等 19 个配套方案，明确时间表、路线图，确保脱贫

① 四到县：指扶贫项目的责任、权力、资金、任务全面落实到县级。

② 《锦屏年鉴》编纂委员会：《锦屏年鉴（2016）》，62—64 页，昆明，云南科技出版社，2017。

③ 《锦屏年鉴》编纂委员会：《锦屏年鉴（2016）》，195 页，昆明，云南科技出版社，2017。

攻坚政策全面落实到位。建立精准脱贫“456”指挥体系，实行挂图作战、挂牌督办、脱贫销号。一是建好“4本账”，建立贫困台账、脱贫计划台账、帮扶措施台账、脱贫成效工作台账。二是绘制“5张图”，绘制乡村贫困户现状分布图、“五个一批”“十项行动”脱贫路径任务图、“五主”“五包”帮扶主体责任图、项目资金监管图、乡村户脱贫退出销号图。三是建立“6个平台”，在建档立卡数据基础上，融合各有关部门数据资源，搭建基础数据支撑平台、脱贫指挥调度平台、项目资金管理平台、精准扶贫工作巡检平台、资金项目整合平台和绩效评估工作平台。①

经过一年的扶贫专项行动以及全县各个部门的参与和共同奋斗，2016年脱贫攻坚取得重大胜利，全年到县财政扶贫资金4952.7万元，实施项目864个，受益农户2.82万户，减少农村贫困人口1.15万人，贫困发生率下降5.04个百分点，平秋镇按照省定标准摘帽，贫困乡镇发生率下降至26.7%，隆里乡华寨村按照国标出列。②

2017年，调整充实由县委书记、县长任双组长，县委常委或副县长任15个脱贫攻坚工作队队长（指挥长）的扶贫开发领导小组和脱贫攻坚指挥部。一是加强领导小组办公室力量，由一名副县级领导干部兼任办公室常务副主任，统筹调度全县脱贫攻坚日常工作。二是高规格成立两个脱贫攻坚督查组，组长分别由县人大常委会主任和县政协主席担任，负责全县脱贫攻坚督查指导工作。三是全县召开县委常委会、县政府常务会议、县扶贫开发领导小组会议专题研究和部署脱贫攻坚系列工作达40余次。四是层层签订脱贫攻坚责任状，逐级立下军令状。县委、县政府与各乡镇、部门签订《脱贫攻坚责任状》，乡镇与村签订《脱贫攻坚责任状》，压实任务和责任，形成一级抓一级、层层抓落实的工作格局，建立健全责任链和任务链。五是选派60名优秀年轻干部到乡镇协助班子成员抓脱贫攻坚工作，增强基层脱贫攻坚工作力量。六是制定《中共锦屏县委、锦屏县人民政府关于支持西部乡镇脱贫攻坚同步小康的意见》《锦屏县发展“一县一业”推动产业脱贫攻坚三年行动方案〈2017—2019〉》《锦屏县统筹整合财政涉农资金工作方案》《锦屏县2017年以“一种两养”为重点的产业扶贫实施方案》《锦屏县

① 《锦屏年鉴》编纂委员会:《锦屏年鉴（2017）》，237—238页，昆明，云南科技出版社，2017。

② 《锦屏年鉴》编纂委员会:《锦屏年鉴（2017）》，94页，昆明，云南科技出版社，2017。

推广“十户一体”抱团发展模式实施方案》《锦屏县实施品牌建设战略助推脱贫攻坚三年行动方案（2017—2019年）》等系列文件，不断健全脱贫攻坚工作政策措施。制定《锦屏县2017年乡镇和县直机关单位脱贫攻坚工作目标管理考评办法》，进一步完善脱贫攻坚考核、监督和问责体系，通过对乡镇实行季度考评，对部门实行半年考评的方式，确保脱贫攻坚工作精准扎实顺利推进。在脱贫攻坚人才支持培养保障上坚持“为用而训、训用结合”的培训理念，采取“红色基地‘培’、高校课堂‘训’、挂职岗位‘练’、乡镇基层‘用’”的“四重奏”挂职培训锻炼模式。

经过努力，至2017年底，全县建档立卡贫困人口为19085户77800人，2014—2017年已经脱贫9106户39778人。2017年末，全县还有未脱贫户9979户38022人，贫困发生率18.68%。全县有4个贫困乡镇（固本乡、河口乡、彦洞乡、启蒙镇），乡镇贫困发生率为26.7%；有111个贫困村，其中有76个深度贫困村，贫困村发生率为59.4%。全面完成全年脱贫攻坚目标任务，实现减少贫困人口7341人，彦洞乡省定标准实现“减贫摘帽”，富库村、瑶白村、文斗村、上寨村、寨霞村、平江村、龙里司村实现国定标准出列。①

2018年，全县扶贫开发工作坚持精准扶贫、精准脱贫基本方略，以脱贫攻坚统揽社会发展全局，把脱贫攻坚作为头等大事和第一民生工程，高位推动、精准落实中央、省、州关于脱贫攻坚各项决策部署，扎实推进各项工作，贫困人员识别准确率和退出准确率、因村因户帮扶工作群众满意度等继续巩固上升。制订《锦屏县发展“五大产业”助推脱贫三年行动指导意见（2018—2020年）》，组建扶贫指挥体系，实行县委书记、县长“双族长制”“双指挥长制”体系和“集团化作战”，50名县级领导干部包15个乡镇，99名部门主要负责人包192个村（社区），192个脱贫攻坚驻村（社区）组包18992户，构建“统一指挥、协同作战、工作到村、包保到户、责任到人”的脱贫攻坚作战格局。落实干部结对帮扶机制，全县3900名干部结对1.9万户7.8万贫困人口，实现帮扶全覆盖。实行脱贫攻坚考评奖惩“三挂钩”，选派68名非领导职务干部充实到深度贫困村担任第一书记或驻村干部，将第一书记和驻村干部由“派驻”改为“调驻”。推动脱贫攻坚关口前移、力量下沉，构建“统筹到位、责任到村、帮扶到人”的脱贫

① 《锦屏年鉴》编纂委员会：《锦屏年鉴（2018）》，237页，昆明，云南科技出版社，2018。

攻坚作战体系，全县共组建“攻坚连”15个、“尖刀班”187个、“连心人”3896名投入结对帮扶工作，实现15个乡镇187个村19023户贫困家庭全覆盖。同时，创建利益联结机制，通过龙头企业带动脱贫攻坚，与太平洋建设集团等企业合作，做强做大锦屏经济；依托亚狮龙集团、清水江集团、昌昊药业等企业，建立“龙头企业+合作社+贫困户”利益联结机制，以“十户体”抱团发展为载体，创新“党支部+合作社+贫困户”的工作思路，组建农民专业合作社123家，实现贫困村全覆盖，形成村村有合作社、村村有好产业的发展格局。

在这一思路下，2018年成绩显著，全县建档立卡贫困村112个（深度贫困村76个），贫困村占59.89%（深度贫困村占40.64%），建档立卡贫困人口18992户78312人，贫困人口发生率38.48%。年底，全县累计实现42个贫困村出列（深度贫困村18个），12991户57611人脱贫，贫困人口降至6001户20701人，贫困发生率10.17%；贫困村降至70个（深度贫困村58个），贫困村占比37.43%（深度贫困村占31%）。其中，年内出列贫困村34个（深度贫困村17个），脱贫人口4146户18139人。①

2019年，聚焦脱贫攻坚目标任务，坚决扛起政治责任，举全县之力向深度贫困全面发起总攻。建立县委书记、县长任总指挥长的县级脱贫攻坚作战指挥体系，设立15个乡镇战区指挥部和12个行业指挥部，下设187个村级前沿指挥部和1116个网格指挥所，全县49名县级领导包乡镇、包片区，98个部门包187个村，3979名结对帮扶干部和2813名村组干帮扶农户全覆盖。在开展脱贫攻坚过程中，涌现出一批顽强拼搏、感人奋进的先进典型，全年通报表扬脱贫攻坚先进集体219个次、先进个人723人次，其中荣获国家和省州表扬64人次。聚焦打好产业扶贫硬仗，深入开展“春季攻势”和“夏秋决战”，投入专项扶贫资金2.5亿元，实施“五大产业”“一县一业”鹅产业等项目318个，成立村级背景的农民专业合作社187家，扶贫产业和农民专业合作社覆盖所有贫困户，采取“龙头企业＋合作社＋农户”发展模式，以“保底分红+效益分红”方式兑现分红资金1752.58万元，带动2910户11249人脱贫。聚焦打好以农村“组组通”为主的基础设施硬仗，铺设乡村幸福路，投入资金2.19亿元，实现30户以上村民组100%通硬化路，全面解决3.59万户14.58万人饮水安全问题。聚焦打好易地扶

① 《锦屏年鉴》编纂委员会：《锦屏年鉴（2019）》，44页、118—119页，成都，成都地图出版社，2019。

贫搬迁硬仗，搬出深山断穷根，投入财政扶贫资金2.1亿元，建成里郎、聚龙、鲤鱼桥三个易地扶贫搬迁安置小区，4140户17897人搬迁入住，“五个体系”建设和后续发展稳步推进，“搬得出、稳得住、有就业、能致富”基本实现。聚焦打好“三保障”硬仗，补齐短板惠民生，落实教育精准扶贫资助资金8372.62万元，“应助尽助”学生10万余人次，义务教育阶段无学生因贫失学辍学；县内城乡居民基本医疗保险参保率、参保资助兑现率、家庭医生签约率、大病患者专项救治率均为100%，“先诊疗后付费”“一站式”即时结算报账1.17万人次，全年报销金额2983.75万元；完成农村危房改造1116户，透风漏雨整治2736户，全县农村人口住房安全实现全覆盖。聚焦定点帮扶和对口帮扶，凝聚社会各界帮扶力量，中国农业发展银行、省工业和信息化厅、省市场监督管理局、州林业局等12个定点帮扶单位和杭州富阳区对口帮扶精准有力，全年落实帮扶资金8600余万元；国有企业“百企帮百村”、民营企业“千企帮千村”以及“百千万行动”扎实推进，全年获得社会捐赠211.32万元。

通过2014年至2019年近6年的努力，全县112个贫困村全部实现国标出列，贫困人口减少17501户74902人，综合贫困发生率由2014年的34.29%下降到1.46%。其中，年内出列贫困村70个（深度贫困村58个），脱贫贫困人口4674户17390人。锦屏县顺利通过拟退出贫困县省级第三方预评估调研，预通过省级贫困县退出第三方评估，为彻底撕掉贫困标签、夺取全面胜利奠定坚实基础。①

2020年，锦屏围绕巩固脱贫攻坚成果，着力推进乡村振兴有效衔接。严格按照“四不摘”要求，始终保持队伍不散、力度不减，不折不扣落实好脱贫攻坚各项工作，全力攻克最后贫困堡垒。对标脱贫攻坚目标任务，着力解决“两不愁三保障”短板问题，全面实行挂牌督战，采取定点督战和巡回督战相结合的方式，确保剩余的1195户2985名贫困人口在2020上半年全部脱贫。

回顾历史，成绩斐然，心潮澎湃；展望未来，机遇在握，豪情满怀！2017年10月召开的中共十九大，审时度势，高屋建瓴，为中国未来发展所规划的宏伟蓝图、阶段性目标和达到目标的战略布局，激励着全体中华儿女不断奋进，凝

① 参见《锦屏年鉴》编纂委员会编：《锦屏年鉴（2020）》，60—61、211—213页，贵州人民出版社，2020。

聚起同心共筑中国梦的磅礴力量，满怀信心地去实现中华民族伟大复兴的目标。让我们更加紧密地团结在以习近平同志为核心的党中央周围，高举中国特色社会主义伟大旗帜，不忘初心、牢记使命，不断增强“四个意识”、坚定“四个自信”、做到“两个维护”，解放思想，改革创新，锐意进取，埋头苦干，全面贯彻党的基本理论、基本路线、基本方略。以坚如磐石的信心、只争朝夕的劲头、坚韧不拔的毅力，共同开创“百姓富、生态美”的多彩锦屏新未来！

参考文献

［1］中共中央统战部编．民族问题文献汇编．北京：中共中央党校出版社，1991.

［2］中共中央文献研究室编．十八大以来重要文献选编．北京：中央文献出版社，2014.

［3］周锡银．红军长征时期党的民族政策．成都：四川民族出版社，1985.

［4］贵州省民族语文指导委员会．苗族语言文字问题科学讨论会汇刊．编印本．贵阳：贵州省民族语文指导委员会，1957.

［5］贵州省民族语文指导委员会．侗族语言文字问题科学讨论会汇刊．编印本．贵阳：贵州省民族语文指导委员会，1959.

［6］贵州省档案馆．红军转战贵州：旧政权档案史料选编．贵阳：贵州人民出版社，1984.

［7］黔东南苗族侗族自治州地方志编纂委员会．黔东南苗族侗族自治州志：民族志．贵阳：贵州人民出版社，2000.

［8］《中国共产党锦屏县历史》编纂领导小组．中国共产党锦屏县历史：第1卷1929—1978.北京：中共党史出版社，2014.

［9］锦屏县民族宗教事务局．锦屏县民族志．编印本．锦屏：锦屏县民族宗教事务局，2006.

［10］当代中国研究所．新中国70年．北京：当代中国出版社，2019.

［11］中国共产党锦屏县委员会．绿色的锦屏．贵阳：贵州人民出版社，1960.

［12］锦屏县地方志编纂委员会．锦屏县志．贵阳：贵州人民出版社，1995.

［13］锦屏县地方志编纂委员会．锦屏县志：1991—2009.北京：方志出版社，

2011.

[14]《锦屏年鉴》编纂委员会.锦屏年鉴：2014.昆明：云南科学技术出版社，2014.

[15]《锦屏年鉴》编纂委员会.锦屏年鉴：2015.天津：天津科学技术出版社，2015.

[16]《锦屏年鉴》编纂委员会.锦屏年鉴：2016.昆明：云南科学技术出版社，2017.

[17]《锦屏年鉴》编纂委员会.锦屏年鉴：2017.昆明：云南科学技术出版社 2017.

[18]《锦屏年鉴》编纂委员会.锦屏年鉴：2018.昆明：云南科学技术出版社 2018.

[19]《锦屏年鉴》编纂委员会.锦屏年鉴：2019.成都：成都地图出版社，2019.

[20]《锦屏年鉴》编纂委员会.锦屏年鉴：2020.贵阳：贵州人民出版社，2020.

后　记

中华人民共和国成立以来，黔东南苗族侗族自治州发生了翻天覆地的变化，特别是在脱贫攻坚目标任务已经完成的新形势下，巩固拓展脱贫攻坚成果，全面推进乡村振兴，加快农村农业实现中国式现代化，成为社会经济发展中的重大问题。在此新形势下，凯里学院作为黔东南州的最高学府，于2020年审时度势地设立“黔东南山乡巨变”专项课题，旨在总结黔东南苗族侗族自治州及辖下各县市70多年来取得的成就，同时，这也与民族学学科建设中的民族理论与政策研究十分契合，对凯里学院民族学学科发展有推动作用。随后，凯里学院民族学团队成员常聚在一起，就如何编好这套丛书进行探讨，从拟定提纲开始，不断完善，最终形成了整体编纂思路。

在编写过程中，我们团队主要负责锦屏县的编写任务。本书的编写与出版工作得到锦屏县委、县政府和有关部门的大力支持，锦屏县档案馆（县地方史志办）馆长（主任）王宗勋同志和锦屏经济开发区人力资源和社会保障局副局长张继渊同志，为本书的编写提供了大量的资料。特别是王宗勋同志，他长期担任县地方史志办公室主任，主编了《中国共产党锦屏县历史》《锦屏县志》《锦屏年鉴》等地方文献，本书的编写就是在这些文献著作的基础上完成的。没有他提供的帮助，本书不可能在短时间内完成。

我们在组织项目和编写过程中，力求编出一本品质较高的作品。由于时间和水平有限，本书难免存在诸多不足之处，诚恳欢迎广大读者批评指正。

本书编者

2021年2月23日

